ちくま新書

縄文と世界遺産

——人類史における普遍的価値を問う

根岸 洋
Negishi Yo

1646

縄文と世界遺産――人類史における普遍的価値を問う【目次】

はじめに　009
縄文と世界遺産／なぜ「縄文文化」なのか／本書の構成

第1章　縄文を問い直す　015

1　問題の所在　016
「縄文文化」とは何か／「縄文文化」の複層性
2　縄文遺跡群と世界遺産　018
縄文という名称／なぜこの地域なのか／推薦の単位としての「地域文化圏」／世界遺産登録を受けて
3　「縄文文化」を考える　029
考古学における「文化」とは何か／ベル・ビーカー土器／縄文土器の誕生／縄文土器にみる複層性／「縄文文化」の中に「文化」を設定できるのか／「縄文文化」は海外にどう伝わっているのか
4　「縄文文化」論に向けて　049

縄文遺跡群に寄せられる違和感／概念の整理

第2章 先史遺跡と世界遺産 053

1 世界遺産のイメージ 054
古代文明だけではない世界遺産／先史遺跡の特徴

2 世界遺産に選ばれるまでのプロセス 057
「顕著な普遍的価値」とは何か／世界遺産一覧表に記載されるまで／諮問機関による調査と勧告

3 先史時代の遺跡を世界遺産にするということ 064
世界遺産一覧表にみる不均衡／シリアル・ノミネーションと縄文遺跡群／先史時代の遺跡と評価基準

4 地下遺構と世界遺産 073
地下に残された世界遺産／日本の史跡整備と地下遺構／復元をめぐる国際憲章／縄文遺跡群と復元

5 縄文遺跡群と景観 083
考古学的景観／土地利用のあり方と植生復元／世界遺産の真実性／現代における考古学的景観

6 考古遺物と世界遺産 089
動産を世界遺産にすることはできないのか／縄文遺跡群と考古遺物／新たな推薦の形

第3章 世界の先史時代との比較 095

1 比較の視点 096
比較考古学とは何か／世界遺産推薦のための比較研究／「縄文文化」と「新石器文化」／「縄文文化」起源論とその後／「縄文文化」の比較考古学
2 世界遺産一覧表における縄文遺跡群 110
人類史年表をつくる／先史時代の世界遺産／世界遺産一覧表中の先史遺跡／比較の観点
3 西アジアとの比較 124
西アジア先史時代の概要／「ナトゥーフ文化」の遺跡群／ギョベックリ・テペ遺跡／新石器時代の世界遺産
4 ヨーロッパとの比較 138
中石器時代・新石器時代と世界遺産／巨石記念物の世界／ストーンヘンジはどのように作られた

か／アルプス周辺における先史時代杭上住居群
5 アメリカとの比較 152
パレオ・インディアン期／マウンド・ビルダー伝統と世界遺産／ポバティ・ポイント遺跡
6 東アジアとの比較 159
東アジアおよび東北アジアの概要／良渚古城遺跡／紅山文化遺跡群

第4章 縄文遺跡群と「縄文文化」 169
1 世界遺産と文化多様性 170
本書の問い／「縄文文化」と普遍的価値／ユネスコと文化／多様な「新石器文化」像／縄文遺跡群に期待されたこと
2 「縄文文化」の複層性と多様性 184
「縄文文化」の複層性／「縄文文化」の多様性
3 「北海道・北東北の縄文遺跡群」 194
「津軽海峡文化圏」／土器出現期／縄文早期の集団移住／海峡を越えた大規模記念物／管理・栽培と農耕の伝播／津軽海峡を越えて

4　過去の文化への眼差し　206
先史時代をどう認識するか／「縄文文化」の基層文化論／縄文時代以後の文化領域
あとがき　215
本書の内容／これまでの経緯／「縄文文化」とは何か／「北海道・北東北の縄文遺跡群」が果たすべき役割
謝辞　222
巻末図　xxii
巻末表　xvii
出典一覧　xv
参考文献　i

はじめに

†縄文と世界遺産

本書を手に取られた方は、タイトルにある縄文と世界遺産のどちらに興味を惹かれただろうか。縄文であれば、もともと日本の考古学や古代史に関心をお持ちの方かもしれない。一方で、世界遺産が好きで実際に国内外の遺産を訪れたことがある方も多いに違いない。それと同時に、縄文がなぜ世界遺産として認められたのか不思議に思われている方はいないだろうか。

世界遺産と聞けば、石畳の街並みや美しい建造物、ピラミッド、マチュピチュのような巨大な遺跡をイメージする方が多いはずだ。一方、「縄文」という言葉からは縄文土器や土偶などの造形物を思い浮かべるのではないだろうか。燃えさかる炎を思わせる火焔《かえん》土器や遮光器土偶は、教科書や一般の書籍にも取り上げられることが多いが、それらが出土した遺跡がどこにあるのかはあまり知られていないかもしれない。

そんな「縄文」が世界遺産に選ばれることになったのは二〇二一年七月二七日のことである。国連教育科学文化機関、通称ユネスコが主催した第四四回世界遺産委員会拡大大会において、「北海道・北東北の縄文遺跡群」が世界遺産一覧表に記載されることが決まった。我が国に所在する世界遺産としては二五件目、世界文化遺産としては二〇件目の快挙であった。コロナ禍が収束しない毎日が続いていただけに、久々の明るいニュースとして報じられたと記憶している。

「北海道・北東北の縄文遺跡群」の中には、教科書にも登場する青森県・三内丸山《さんないまるやま》遺跡が含まれている。テレビやインターネットのニュースでは、緑の森の中に広がる縄文時代のムラの姿を目にすることができた。また北海道や東北地方だけでなく、他地域の博物館でも縄文時代の特設展示が設けられた。世界遺産登録をきっかけに、地元の「縄文文化」を見直してもらおうという狙いがあったのではないだろうか。一万年以上も続いた「縄文文化」の価値が世界に認められたとの声を、様々なメディアやSNSなどを通して聞くことができた。

しかし実のところ、今回世界遺産になったのは、三内丸山遺跡を含む北日本に所在する一七カ所の遺跡であって「縄文文化」そのものではない。これらの遺跡群と、その組み合わせが表現する地域性を持った歴史、いわゆる「地域文化圏」に世界遺産としての価値があると認められたのである。これを受けて、なぜこの地域に限定するのかという疑問や、今後、世界遺産に含まれる遺跡（構成資産）を別の地域にも増やし、「縄文文化」全体を代表させた方がよいのではないかとの意見も寄せられた。

†なぜ「縄文文化」なのか

それではなぜ、「地域文化圏」ではなく、「縄文文化」そのものが世界遺産に選ばれるべきだという考え方が生まれるのだろうか。この問いこそが本書が取り組もうとする主題なのである。

確かに「縄文」は日本列島にしか存在しない「文化」という点に特殊性があるが、それだけでは普遍性があるとは言えないのである。同じことは、二〇一七年に世界遺産登録された「「神宿る島」宗像《むなかた》・沖ノ島《おきのしま》と関連遺産群」と、二〇一九年に登録された「百舌鳥古《もずふる》市《いち》古墳群――古代日本の墳墓群」の事例にも言える。これらは同じ古墳時代の資産でともに前方後円墳を含むものの、推薦されたコンセプトにおいて区別されている。「古墳文化」が世界遺産になったのではなく、各々の特徴に普遍性が認められたのだ。

しかもこの二件が推薦された時は、日本特有の「古墳文化」そのものを世界遺産にすべきだという議論はなされなかったようである。ではなぜ同じことが縄文時代に言えないのだろう。縄文時代に見られる多様な「文化」それぞれに世界遺産としての価値は認められないのだろうか。どうやら「地域文化」の取り扱いに関して、「縄文文化」と「古墳文化」は根本的に異なるものらしい。同じ日本列島にある「古墳文化」と比べただけでも、「縄文文化」特有の事情が見えてくる。

筆者がこのような問題意識を持つようになったのは、二〇一〇年に青森県教育庁に奉職し、世界遺産登録推進の業務に携わるようになってからのことである。新たに世界遺産特有の考え方を学んだこともあるが、それ以上に国内外の専門家たちと議論できたことが大きかった。様々な経験を通して、これまで研究対象としてきた「縄文文化」を違った角度から考えるようになった。

本書は、世界遺産になった「北海道・北東北の縄文遺跡群」を通して、「縄文文化」の人類史における普遍的価値とは何かを探ることをメインテーマとしている。さらに世界の先史遺跡と比べることで、「縄文文化」像がどのように描かれてきたのかを考えてみたい。

世界遺産という、誰の目にもわかりやすいフィルターを通すとき、普段の生活では気づかないけれど現代社会に深く根を下ろした、文化の認識の問題が見えてくるように思う。学問の世界で行われてきた「縄文文化」についての議論が、実は現代社会に影響を及ぼしていることを明らかにする。そのような狙いを持って本書が書かれていることを、あらかじめ読者にお伝えしておきたい。

†本書の構成

私たちが持つ「縄文文化」という概念が、いつどのように形成されたのかを問い直すことが本書の第一のテーマとなる。縄文は日本列島全域に広がる均質な「文化」として描かれやすいが、地域色豊かな考古学的「文化」の集合体でもある。このような側面は十分過ぎるほど明らかにされてきたのだが、「縄文文化」全体に関する議論とは別個に行われてきた。なぜそのような文化認識が現在まで続いているのかを、「北海道・北東北の縄文遺跡群」を題材にして検討し、「縄文文化」の複層性について考える。

第二のテーマが、「北海道・北東北の縄文遺跡群」の世界遺産としての特徴を明らかにすることである。先史時代の、それも地下遺構を中心とする遺跡が世界文化遺産として認められたのは日本初のことだ。そして、大部分が地下に埋蔵されている「見えない」世界遺産は、実は世界的に見ても珍しいケースなのである。このような条件を備えた縄文遺跡群が世界遺産として選ばれた経緯を振り返りつつ、地下遺構ならではの特性や景観について考える。

第三のテーマが、世界各地に所在する先史時代の世界遺産と比べて、縄文遺跡群の特徴を浮かび上がらせることである。西アジア、ヨーロッパ、北米・南米および東アジアから類似資産を選び、その特徴や普遍的価値という観点から比べてみる。その際に重要なのは、世界遺産として推薦されている単位に着目することだ。それぞれの遺跡がどのレベルの「文化」を単位にしているのかを検討し、「北海道・北東北の縄文遺跡群」と「縄文文化」の関係を読み解いていく。

本書は、遠い過去の文化をどう描くのかという、古くから歴史研究に横たわる問いに導かれている。この問いは、考古学や世界遺産に限られるものではなく、文化の認識という問題にも深く関わるはずだ。それによって、「縄文文化」の現代社会における意味を、読者の皆様にも思い描いていただければと思う。

第1章 縄文を問い直す

1　問題の所在

†「縄文文化」とは何か

二〇二一年、「北海道・北東北の縄文遺跡群」が世界文化遺産に選ばれた。その普遍的価値が世界に認められたのは大変喜ばしいことだが、推薦対象が日本列島全域でなく一つの地域であったことが、「縄文文化」に関しての問題を浮かび上がらせているように思う。

それは、我々にとって「縄文文化」とは何か、またその一部が世界遺産として推薦されたことがどのように受け止められるべきかという問いである。筆者は、世界遺産というある意味ではわかりやすいフィルターを通じて、日本の考古学における「文化」認識が表れたものだと考えているため、本書の第1章でこの問題を取り扱うことにしたい。

そもそも「縄文文化」とはどんな概念なのだろうか。歴史の教科書などでは、縄文は日本列島全域に広がる均質な「文化」として描かれやすい。竪穴式住居に住む定住生活を送り、狩猟、採集、漁撈《ぎょろう》を行った文化というイメージが一般的だろう。稲作農耕が始められた弥生時代と対照的に描かれることも多い。水田に囲まれる弥生のムラに対して、森林と共に暮らす縄文の景観といった具合である。また、目鼻立ちがはっきりとした縄文人が生きた時代、縄文土器が使われた時代というふうに覚えている方も多いだろう。

このように「縄文文化」は時代区分である縄文時代とほとんど同じ意味で用いられているのだが、考古学においては地域色豊かな「地域文化」の集合体を表す言葉でもある。つまり一般にイメージする「縄文文化」よりも小さな単位の「文化」、あるいはそれに相当する単位が、縄文時代の研究では使われているのである。

†「縄文文化」の複層性

「縄文文化」に内包される複層性はこれまでの研究で明らかにされてきたのにもかかわらず、「縄文文化」全体に関する議論とは別個に行われてきたことも否めない。このことが、「縄文文化」についての認識のズレを生む一因となっているのではないだろうか。

本章ではこれまで「縄文文化」がどのように描かれてきたのかを振り返り、「北海道・北東北の縄文遺跡群」を題材に「縄文文化」の複層性について考える。その際、海外の考古学で用いられている「文化」概念を紹介した上で、これまで「縄文文化」が海外からどのように見られてきたのかを振り返る。これらの検討を通じて、今日一般に用いられている「縄文文化」が、どのように形成された概念なのかを見つめ直してみたい。

なお本書において、カッコ付きで「文化」を用いる場合は考古学による定義（本章第3節で後述）を意味し、一般に用いられる意味と区別していることをあらかじめご留意いただきたい。

2 縄文遺跡群と世界遺産

†縄文という名称

最初に縄文という名称について取り上げよう。考古学の世界で作られたこの名称が、世界遺産の名称に冠されるほど一般化したのはなぜなのだろうか。

いわゆる遺跡が世界遺産になった事例では、そのタイトルとして一般的な時代名称、遺跡名や地名が冠せられたとしても「文化」名は使われないことが多い。具体例を挙げてみよう。世界的に最もよく知られた遺跡の一つに、イギリスのストーンヘンジがある。この遺跡の最盛期は「サセックス文化」に含まれるのだが、この「文化」名は世界遺産の名称には選ばれていない。日本の事例では、「百舌鳥《もず》・古市《ふるいち》古墳群」が名称になっても、「古墳文化」そのものは採用されていない。

よく考えてみればこれは当然のことかもしれない。主に専門分野の世界で使われる学術用語を、人類共通の財産である世界遺産の名称にするのはあまり適切だとは思われないからだ。またあくまで世界遺産の対象は不動産なのであって、「文化」そのものは推薦対象にならないということもある。

写真１　「北海道・北東北の縄文遺跡群」の推薦書表紙

それにもかかわらず「北海道・北東北の縄文遺跡群」の推薦書では、〝Jomon〟という日本語をアルファベット表記した言葉が用いられている（写真1）。この推薦書を作成する過程で名称に関する議論が行われ、例えば「先史時代」「先史文化」という名称も検討された。しかし結局、縄文という言葉が他の単語では置き換えられないことから、「縄文時代の遺跡群」という意味で、「縄文遺跡群」という名称に落ち着くことになった。

世界遺産一覧表に記載されるにあたって、当然この名称が適切かどうかもユネスコや海外の専門家によって検討が行われたはずだ。そこでどのような議論がなされたのかはわからないが、結果的に世界文化遺産の名称として認められることになった。アルファベット表記の〝Jomon〟は、これまで主に学術的な用語として用いられてきたが、世界遺産になったことで一般名詞化していくのかもしれない。

縄文は日本列島にしかない「文化」なのだから、世界遺産の名称になるのは適切だとする考え方もあり得るだろう。筆者もそれに異論はないし、良い代替案が見つからないのも事実である。ただ、この名称と同じレベルで用いられる用語が、他の世界遺産では「新石器文化」や「先史時代」のような、世界通有の名称しかないことには注目しておきたい。「縄文文化」のような地域独自の、かつ世界に知られた「文化」は他国にもあるのだが、それが世界遺産の名称にはなっていないのだ。別の見方をすれば、縄文という言葉をタイトルに冠することによって、日本列島に広がる「縄文文化」全体を代表するという印象を与えてしまっている可能性もある。

†なぜこの地域なのか

縄文遺跡群が暫定遺産に選ばれた当初から問題視されてきたのが、「なぜ推薦対象がこの地域に限られるのか」という点である。世界文化遺産を選ぶ文化審議会文化財部会の、二〇〇八年九月二六日付「我が国の世界遺産暫定一覧表への文化資産の追加記載に係る調査・審議の結果について」から該当箇所を引用してみよう。

（中略）世界の他の地域の新石器文化に見られる農耕・牧畜とは異なり、約一万年にもわたって継続した狩猟・漁労・採集の生活の実態を表す日本列島独特の考古学的遺跡群である。日本の歴史のうち、このように長期にわたって継続した先史文化を表し、自然と人間との共生を示す考古学的遺跡として、顕著な普遍的価値を持つ可能性は高い。ただし、北海道・北東北地域の縄文遺跡が物語る生態系や土器文化圏（円筒・亀ヶ岡土器文化圏）に特に注目するとしても、縄文文化が持つ顕著な普遍的価値を証明するためには、北海道・北東北地域の遺跡のみでは必ずしも十分ではない。（中略）

世界文化遺産に選ばれるためには、「顕著な普遍的価値を持つ」こと、つまり世界のどこにも同じようなものがなく、かつ国の違いを超えて、人類史上重要なものであることを証明しなければならない。日本の場合、世界文化遺産を選ぶ基準が「我が国の歴史や文化を表す一群の文化資産」とされているので、なんらかの範囲内における代表性を証明する必要がある。

「北海道・北東北の縄文遺跡群」に対しては、日本列島でしか見られない「縄文文化」の価値を証明するために、東日本の他の地域から構成資産を追加することが必要とされていた。ここで西日本が省かれているのは、縄文時代の遺跡分布が極端に東に偏っているためだ。「縄文文化」を代表するためには東日本の遺跡が含まれていなければならず、東日本を代表するためには「北海道・北東北」だけでは不十分だという理屈なのだろう。

では、既に世界文化遺産に選ばれた国内の資産は、どのような範囲を代表するものとされているのかを見てみよう。国外との関連が明確に示された資産は別とするにしても、日本の宗教建築・庭園文化の中心としての古都京都、浄土思想を表す平泉、日本古来の信仰と芸術の源泉としての富士山、あるいは産業国家形成を示す明治日本の産業革命遺産のように、「顕著な普遍的価値」の単位は日本そのものに置かれていることがわかる。

厳密に言えば、「日本」という領域は時代によって異なるはずだが（バートン二〇〇〇）、世界遺産という文脈では何らかの範囲を示す単位として現在の国境線と一致するような、大きな領域が仮定されているように思える。「北海道・北東北の縄文遺跡群」の場合も同様に、日本と重なる意味合いでの「縄文文化」を代表することが求められたのである。「縄文文化」が、農耕・牧畜を有する世界の他の地域における「新石器文化」と比較されていることも重要である。このような比較対象が、現代の考古学では決して一般的と言えないことは、本書後半で再び取り上げる。

†推薦の単位としての「地域文化圏」

それでは、二〇二〇年に国連教育科学文化機関（ユネスコ）に提出された「北海道・北東北の縄文遺跡群」の推薦書から、何を単位として推薦されたのかを確かめてみよう。推薦書は英文で作成してユネスコに提出することになっており、近年の事例では数百頁にも及ぶものが多い。記載決定後に速やかにユネスコ世界遺産センターのホームページで公開され、誰でも読むことができる。

国内外の専門家や文化庁との協議を踏まえて、ユネスコに提出された推薦書中で主張されることになった「顕著な普遍的価値」とは、構成資産が総体として示す「農耕社会以前の生活の在り方」と「複雑な精神文化」である。まずはこの二点がどのような意味を持つのかを解説してみよう。

「農耕社会以前の生活の在り方」とは、約一万五〇〇〇年前に人々が土器を使用し始めてから、一万年以上にわたって農耕文化に移行することなく、気候変動や環境変動に適応しながら、採集・漁撈・狩猟を基盤とした生活を維持したことを指している。また「複雑な精神文化」とは、祭祀・儀礼の場である捨て場や盛土、環状列石《かんじょうれっせき》の構築や、祖先崇拝に見られるものである。この二点を、縄文時代の全体に及ぶ一七カ所の構成資産（遺跡）が総体的に示している（図1）。

この二点が「顕著な普遍的価値」に相当するかという論点はひとまずおくとして、ここでは北海道・北東北に所在する一七カ所の遺跡を一体として取り扱う論拠について考えてみる。この地域を対象にした理由について、冷温帯落葉広葉樹林や暖流と寒流が交わる津軽海峡という特徴のほか、津軽海峡周辺域における「地域文化圏」の存在が挙げられている。なお冷温帯落葉広葉樹林とは、同じ地域に所在する白神山地《しらかみ》（世界自然遺産）に見られるような、ブナ林に代表されるものである。白神のブナ林は八〇〇〇年以上前に遡るとされ、縄文以来の景観と言うこともできる。

津軽海峡を挟んで、北海道南部と本州の北端は最も近い場所で一九キロメートル弱しか離れていないのだが、海深が深いために、海水準が下がった氷河期であっても動物が歩いて渡ることは考えにくい。そのため、特に動物相に旧石器時代以来の大きな違いが生まれた。例えば、ヒグマやエゾシカは北海道にしかおらず、逆にイノシシはもともと北海道にはいなかった。それにもかかわらず、両地域に同じ「文化圏」が広がる時期が何度も繰り

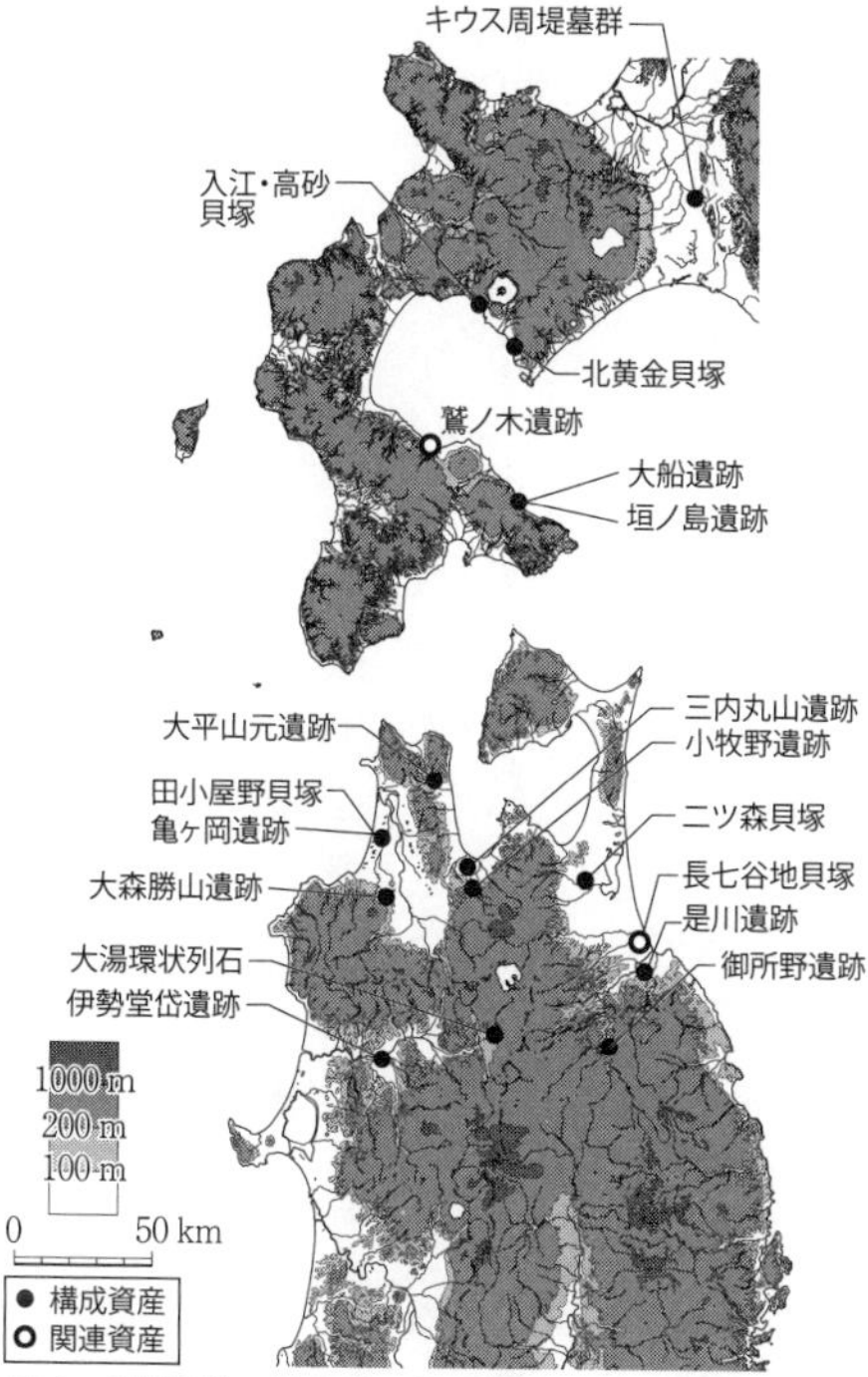

図1 「北海道・北東北の縄文遺跡群」の構成資産

返されたことが判明しているのだ。イノシシは、縄文時代後期に人の手によって北海道まで運ばれた可能性が指摘されている。自然にいなかったものが、共通の「文化圏」の中で伝わったことを示す事例である。

本遺跡群は「縄文文化」全体ではなく、津軽海峡を挟んだ「地域文化圏」を単位として推薦された。したがって推薦書中には縄文時代に関する言及はあっても、「縄文文化」という語句は一度も用いられていない。ただし英訳するのが難しかったためか、「地域」という言葉は本文中で何度も用いられているのに対して、「地域文化圏」には一度しか言及されていない。

†世界遺産登録を受けて

縄文時代における一つの「地域文化圏」を単位とする推薦手法自体は、特段問題なくユネスコに受け入れられ、世界遺産として認められた。結果的に、縄文時代の遺跡を世界遺産として推薦するために、日本列島全体に広がる「縄文文化」をその対象としなくてもよいことが認められたことになる。

世界遺産の推薦単位として一つの地域のみが選ばれたことに対する国内の識者やメディ

アの反応は様々であった。縄文遺跡群の専門家委員会の委員長を務めた菊池徹夫氏は、農耕社会に移行することなく、一万年以上にわたる持続可能な社会を形成した「縄文文化」の価値が世界に認められたとみる（菊池二〇二一）。それに対して登録という結果が出る前から一貫して、「地域文化圏」の設定のあり方に問題ありとの姿勢をとる専門家もおり、今後構成資産を追加すべきとの記事が載せられた新聞もあった。考古学の専門家であるか否かにかかわらず、他にも様々な見方があり得るだろう。

今回の推薦で用いられた「地域文化圏」という単位は、「縄文文化」よりも時間・空間的に限定された範囲として描かれていることに着目したい。本格的な農耕を持たず、狩猟・漁撈・採集を生業の基盤とすることが「縄文文化」全体に共通する特徴であることを前提にした上で、北海道・北東北という一つの「地域文化圏」に特有の要素を、価値の中心に据えているのだ。

つまり、縄文時代にはいくつかの「地域文化圏」があり、そのうちの一つであっても「顕著な普遍的価値」を持つという論理構成である。「縄文文化」の中に含まれる複層性を前提にしたこのロジック自体に違和感が持たれているとするならば、北海道・北東北という「地域文化圏」そのものが世界遺産の単位としてふさわしくないか、もしくは個々の

「地域文化圏」に分けること自体が適切ではないとみなされているということだろう。前者には、他地域にも特色ある縄文遺跡があることを重視する考え方（中村二〇一九）が含まれる。後者は先に挙げた文化審議会の意見と同じく、縄文時代の遺跡を推薦するなら、日本列島全域が対象とされるべきという考え方である。

今回の「北海道・北東北の縄文遺跡群」そのものへの評価に限らず、世界遺産についてはは多様な考えがあり、それは尊重されるべきだ。人類共通の財産を選ぶための国際的な枠組みなのだから、一律的な基準によって価値の優劣を決めるのもその精神にはそぐわないだろう。ここで筆者が着目したいのは、世界遺産というフィルターを通して、「縄文文化」に含意される複層性と、それに対しての認識の違いがわかりやすい形で示されていることである。世界遺産とは「縄文文化」全体＝日本を代表するものでなければならないという認識と、その必要性はないという認識の違いである。

筆者の問題意識は以下の二点に集約できる。日本考古学において「縄文文化」という概念がどう論じられてきたのか。世界遺産というフィルターを通した時に、その複層性がどのように取り扱われるのかという二つである。

3　「縄文文化」を考える

†考古学における「文化」とは何か

世界遺産の話題をいったん離れて、これまで「縄文文化」がどのように定義づけられてきたのかを振り返ってみることにしよう。

日本考古学では既に多くの「縄文文化」論が著されているため、それらをすべて紹介することは筆者の手に余るし、世界遺産との関連を取り扱う本書の目的からも外れてしまう。本章では「縄文文化」という用語がどのような意味合いで用いられてきたのかという観点に着目して、関連する研究を取り上げることにしたい。

そもそも考古学でいう「文化」(culture)とはどのような概念なのだろうか。多少専門的な話題になるが、縄文遺跡群や他の世界遺産を理解する上で重要である。なぜなら、ユネスコに提出される推薦書に必ず書かれるのが、遺跡が何年前のどの時代、どの「文化」に属するのかという、いわばその遺跡の履歴書にあたる情報であるためだ。「縄文文化」を人類史の中に位置づけるためにも、他国の先史遺跡の「文化」を理解し、それらと比較することが求められるのである。

最もよく知られているのは、オーストラリアに生まれイギリスで活躍した考古学者G・チャイルドによる「文化」の定義である。彼は多くの書籍に考古学的「文化」に関する考え方を記しているが、ここでは一九二九年に著された『先史時代のダニューブ川流域』(Childe1929)の一節を引用してみよう。

土器、道具、装身具、埋葬儀礼、家屋形態などの特定型式の遺物が、繰り返し一緒に出ることがある。きまって共伴するそのような特徴ある集合を、〈文化集団〉あるいは〈文化〉とよぶことにする。そのような集合は〈民族〉の物質的表出であると思われる。

(訳文は安斎一九九九)

考古学者が分析対象にするのは、まず遺跡から出る遺物である。様々な道具立てを整理・分類した結果、共通した組み合わせ(アセンブリッジ)がいくつかの遺跡で見られる場合に、その分布範囲を含めて一つの「文化」が定義されることになる。チャイルドはこの

「文化」の背景を「民族」と同一視したのだが、出土遺物を集団の実体と直接結びつける解釈や、それを支える考古学的「文化」の考え方自体が批判を受けることになった。実際の人間の動きが出土遺物に反映されるとは限らないからだ。

しかし、出土遺物の組み合わせから何らかの単位を抽出する方法は今でも有効であり、考古学の基本というべきものだ。実際の考古学的分析に際しては、一つの遺跡や地域だけでなく、広い範囲を取り扱う必要があり、「文化」をいくつかの位相（レベル）に分けて説明する必要が出てきた。D・クラークが示した、考古学的「文化」の上に「文化グループ」および「テクノ・コンプレックス」概念を置くシステム論的分類はその一例である（Clarke1968）。

もちろん遺跡に残りやすい遺物だけで「文化」を設定してよいのかという問題もある。縄文時代の例で言えば、クリ・ウルシなどの植物利用からは、土器による「文化」とは異なる文化圏を復元できる。また、「文化」をあらかじめ想定された地理的範囲で理解するだけでは、文化領域を横断するような現象を理解できないなどの指摘もある。対象とする時代や地域によって、「文化」の設定の仕方がずいぶん異なるのも事実だろう。

しかし世界の考古学で用いられる「文化」が、多かれ少なかれ複層的、複合的に理解されていることは認めてよいはずである。

†ベル・ビーカー土器

「文化」よりも広範な概念がどのように取り扱われているのか、具体例から考えてみたい。ヨーロッパ先史時代の「土器文化」の事例を取り上げてみよう。

紀元前三〇〇〇年紀初め（BC二八〇〇年頃）から紀元前二〇〇〇年紀初め（BC一八〇〇年頃）にかけて西ヨーロッパを中心に、「ベル・ビーカー」と総称される土器が広がった。ヨーロッパの時代区分では、新石器時代の終わりから銅石器時代に移り変わる時期にあたる。精巧に作られたこの土器は、酒類を飲むための飲用器と考えられているが、その多くが青銅短剣、石鏃《せきぞく》、石製腕当て、ボタンなどとともに、墓の副葬品として見つかったことで知られている（図2）。

チャイルドが著した『過去を紡ぎ合わせる』（Childe1956）では、この副葬品の組み合わせを「ベル・ビーカー文化」あるいは「型式」と呼び、同じ集団を反映するものとみなしていた。この土器が南西ヨーロッパを起源としてブリテン島に広がったことを、この土器を携えた人々（ビーカー人）が移住した歴史的事象を示すものと捉えていたのだ。

ところが一九七〇年代以降、この土器の分布の偏りが明らかにされるとともに、遺物の組み合わせに一貫性がないことが指摘されるようになった。これらの土器が一ヵ所から各地に伝わったとみなすチャイルド流の解釈ではなく、埋葬に伴う社会的・宗教的な行為の痕跡だという解釈が提案された。結果として、従来の「文化」概念の設定には妥当性がなく（Shennan1978）、また「ビーカー人」のような言い方は実体を表していないという批判がなされるようになった。

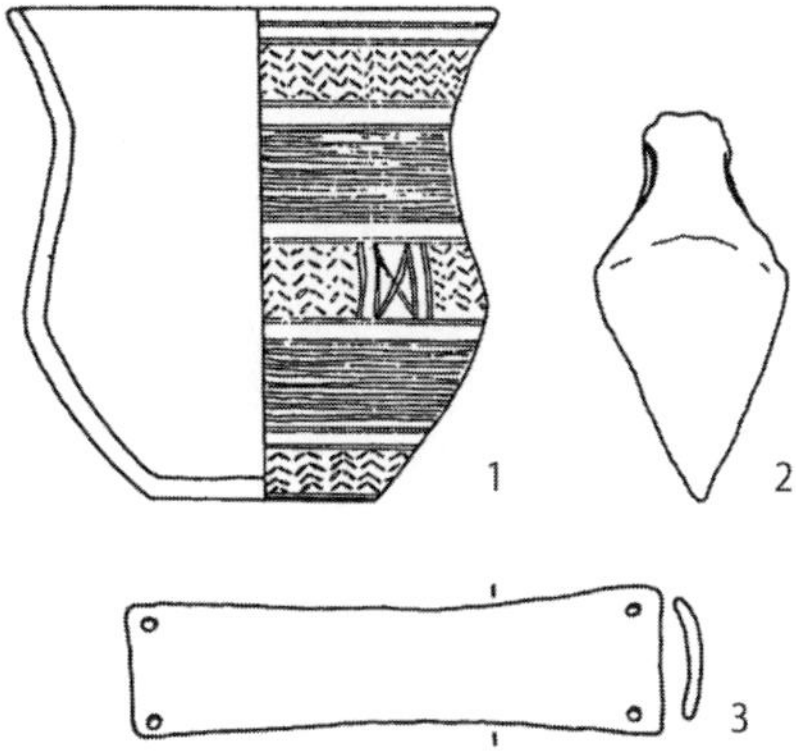

図２　ベル・ビーカー土器と副葬品（1 ベル・ビーカー土器、２青銅短剣、３石製腕当て）

今日、ベル・ビーカー土器の広がりは、「現象」もしくは「複合」（complex）と呼ばれている（Fokkens and Nicolis 2012）。つまり、土器のスタイルは類似しているものの、その背後に「文化」よりも複雑で、大きなまとまりが想定されているのだ。現在ベル・ビーカーは、副葬品の組み合わせによって大きく四つの「領域」に分かれる、複合的な概念として理解されている

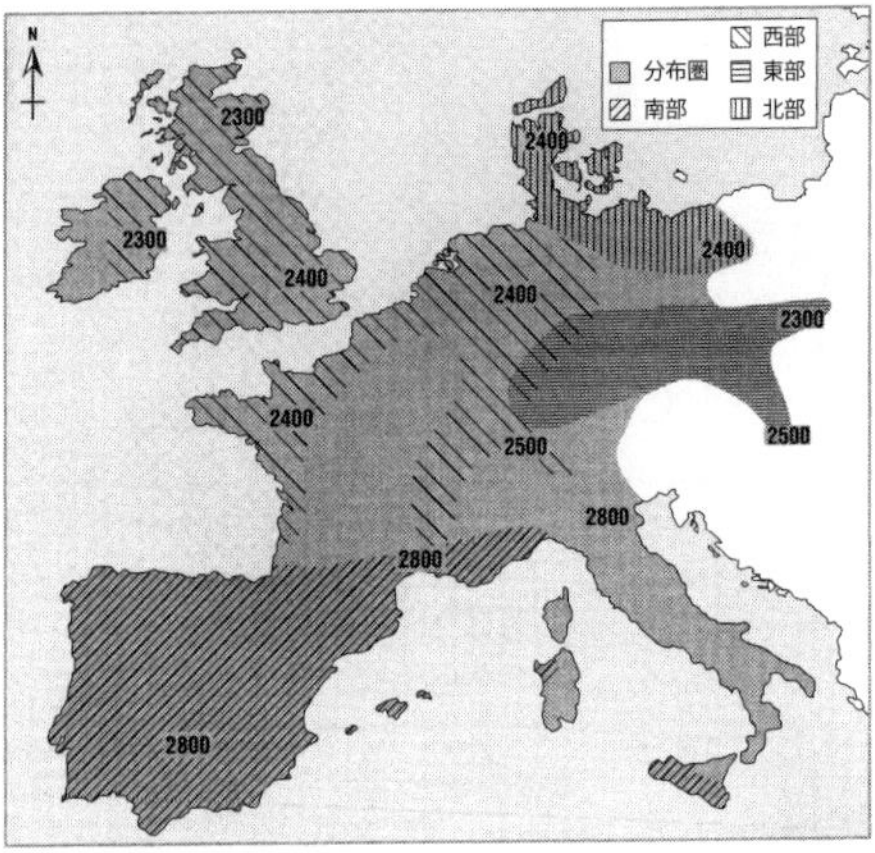

図3　ベル・ビーカー土器の分布図（数字は紀元前の年代を表す。）

(図3)。

　ある遺物のまとまりを「文化」と呼ぶかどうかはともかくとして、世界の先史時代には様々な大きさの単位が設定されているのが一般的である。例えばベル・ビーカーと同じ時代に、中央ヨーロッパから東ヨーロッパという広大な範囲に広がった「縄目《なわめ》文土《もんど》器《き》」も、その中にいくつもの「文化」が設定されている。

　第3章で論じるように、他国の世界遺産では、より小さな単位をもとに推薦されているものが大多数を占めており、「ベル・ビーカー土器」や「縄目文土器」のような大きな単位はほぼ用いられていない。このことも、「縄文文化」と縄文遺跡群の関係性を考える上でのヒントになるだろう。

†縄文土器の誕生

考古学的な「文化」概念と比べてみると、「縄文文化」という言葉はまったく違った定義のされ方や使われ方をしていることに気づかされる。「縄文文化」は、時代区分である縄文時代、あるいは現在の日本の国境範囲とほとんど同様の意味で用いられているためだ。

このことを、かつての縄文時代の考古学が一国史を描くためのものであったためだとする批判も以前からなされてきた（山田二〇一五）。しかし筆者は、そのような批判は一面的に過ぎると理解している。縄文時代の研究は大日本帝国が存在した頃から行われてきており、その頃の日本は今日よりも国として扱う面積が広く、さらに南北の境界の研究も進んでいなかったためである。

「縄文文化」概念の特徴を考えるにあたって、まず「縄文文化」という名称のもとになった縄文土器との関連について取り上げよう。学術用語の域を超え、今や社会に普及したと言ってもよい縄文土器であるが、この命名方法は世界の考古学の中で決して一般的とは言えない。旧石器時代を除けば、一万年以上も継続した先史「文化」自体が極めて珍しいというだけでなく、「文化」の名称がそのまま土器全体を示す用語になっているためである。

なぜこのような命名がなされているのだろうか。

よく知られているように、縄文土器の名付け親はE・S・モースである。アメリカ出身の生物学者であったモースは、母国での貝塚調査経験を踏まえて、一八七七年に大森貝塚（現在の東京都品川区）で初めて近代的な発掘調査を行った。モースが出土土器の総称として用いた〝cord-marked pottery〟とは、土器の表面に残された縄原体《なわげんたい》の痕跡を意味している。これがのちに「縄文（式）土器」と和訳され、それ以前の名称に代わって用いられるようになった。

厳密には縄文土器という名称も明治時代から使われていたのだが、貝塚土器、石器時代土器、あるいは「先住民」という意味でアイヌ式土器という言葉も使われていた。鳥居龍蔵《とりいりゅうぞう》によって書かれた外国向けの英文書籍（Torii1937）に、先住民の土器というキャプションが付された縄文土器の図が掲載されている。また、昭和初期にフランスに留学していた中谷《なかや》治宇二郎《ちうじろう》は、日本における新石器時代の土器として紹介している（Nakaya1930）。縄文土器という名称が普及する以前の状況を垣間見ることができるはずだ。

縄文土器を日本列島内で孤立して発達したものとみなし（山内一九三七）、一九三〇年代に全国にまたがる時期区分表（土器編年）を作ったのが山内清男《やまのうちすがお》である（写真2）。山内は縄文（山内は意識して「紋」の字を用いた）土器の一系統的な変化を強調し、時代の名称としての縄文（式）文化と不可分のものとして位置付けた。山内は一貫して、時代名称として「新石器時代」、文化名としては「縄文式文化」を用いていたが、後年「縄文時代」とも併記した（山内一九六七a）。

研究史の流れとしては、最初に「縄文（式）土器」という呼称があり、それが作られた先史時代（新石器時代）の「文化」として「縄文（式）文化」が定義され、のちに縄文時代という名称が用いられるようになったという順序になる。

写真2　山内清男

忘れてはならないのが、山内清男が「縄文文化」を今日の理解よりもかなり短いものとして捉えていたという点だ（短期編年）。「北海道・北東北の縄文遺跡群」の推薦書にも明記されているように、今日、縄文時代は約一万五〇〇〇年前から二四〇〇年前まで続いた時代だとされている。この年代を決めるのに、炭素の放射性同位体（炭素一四）が崩壊する度合いから絶対年代を推定する、放射性炭素年代測定法が果たした役割は大きい。

しかし山内清男が縄文土器の編年を作った頃、この技術はまだ生まれていなかったことに注意する必要がある。山内は周辺地域との比較からその始まりを紀元前二五〇〇年、終わりを紀元前二世紀頃と見積もっていたため、「縄文文化」は二千数百年続いた新石器時代の「文化」とみなされていた（第3章で後述）。後付け的な言い方であるが、この年代観に従うかぎり、「縄文文化」を一体的に捉え、また縄文時代の土器すべてを縄文土器とみなしても、不自然とは感じられなかったであろう。

一九五〇年代に入ってから縄文土器の出現はかなり古い年代まで遡ることになった（芹沢一九五九）。放射性炭素年代測定法に伴う長期編年の採用は、「縄文文化」を見直す契機となり得たかもしれないが、そうはならなかった（大貫二〇一九）。農業のない新石器時代という特徴を説明するのに、「縄文文化」という概念を使い続けるのが便利だったこともあるだろうし、既に構築された時期区分を古くするだけで済んだということも考えられる。

今日、「縄文文化」は、更新世から完新世にかけて日本列島で起きた環境変動に対して、人類が適応してできた「文化」とみなすのが一般的である。しかし、その出現期の土器に縄文が見られないとしても、世界的に見ても古いということ自体が「縄文文化」の特殊性とされる以上（今村二〇〇四）、縄文土器という概念と切り離して説明するのは大変難しい。

同じことは縄文時代の終わりにも当てはまる。稲作農耕が始まるまでが縄文時代だと理解されているため、西日本の縄文晩期によく見られる黒色磨研土器に縄文が見られないからといって、縄文土器の範疇から除外してしまうとかえって混乱を招くことになる。

一方、山内をはじめとする縄文土器の研究を基盤として、縄文土器という日本語名称だけでなく〝Jomon pottery〟という英訳も用いられることになった。

筆者が確認し得た限り、山内自身が訳語として用いたのが論文に付せられた英文要旨（山内一九六七b）であるが、それ以前から用いられていた可能性がある。この点は二〇一七年に早稲田大学に寄贈された山内の研究資料の整理が進めば明らかになるであろう。E・キダーによる縄文土器を題材にした博士論文（Kidder1957）や、古くは一九三一年、イギリス大使館に勤めたG・サンソムが著した日本史入門（Sansom1931）にその名称が登場する。特に後者は日本文化研究の入門書であり、現在もなお再版されている。海外の読者からすれば、昭和初期に遡る古い文献に〝Jomon pottery〟が現れることになる。

研究史を振り返ってみると、モースによって命名された〝cord-marked pottery〟が海外の研究者にもほとんど用いられなかったのは不思議な気がする。土器の表面に縄文が施されるか否かに関係なく、日本列島の「縄文文化」・縄文時代に作られたものという意味合いが付されたからであろうか。

†縄文土器にみる複層性

それでは、「縄文文化」はどのような概念として理解されてきたのだろうか。

第二次大戦後に日本で縄文研究に触れた海外の研究者にとって、「縄文文化」は単一的、単相的な概念として映ったようである。一九四六年に来日し、山内清男にもインタビューを行ったというB・クラウスは、縄文土器によって定義された「縄文文化」概念が、北米の考古学・人類学における「文化」概念からかけ離れているとして〝Jomon phase〟という用語を用いるべきだと主張した（Kraus1947）。

もっとも、日本で縄文時代の遺跡調査を行っていたG・グルート（Groot1951）が、「縄文文化」という用語には単数形の〝culture〟と複数形の〝cultures〟の両方が含まれることを指摘しているように、同時代の日本人研究者が「縄文文化」を単相的にのみ捉えていたとは考えにくい。少なくとも山内清男はこの時点で、「縄文文化」の範囲の東西に大きな差を見出していた可能性が高いためだ。

土器型式名に「文化」を付ける方法は、「亀ヶ岡文化」などから始められた。その後、膨大な発掘調査件数に支えられて精緻な土器型式学が発展してきたため、「縄文文化」の多様さが次第に明らかにされてきた。『日本の考古学』には「縄文文化」を構成する「文化」の範囲が図示されている（鎌木一九六五）。

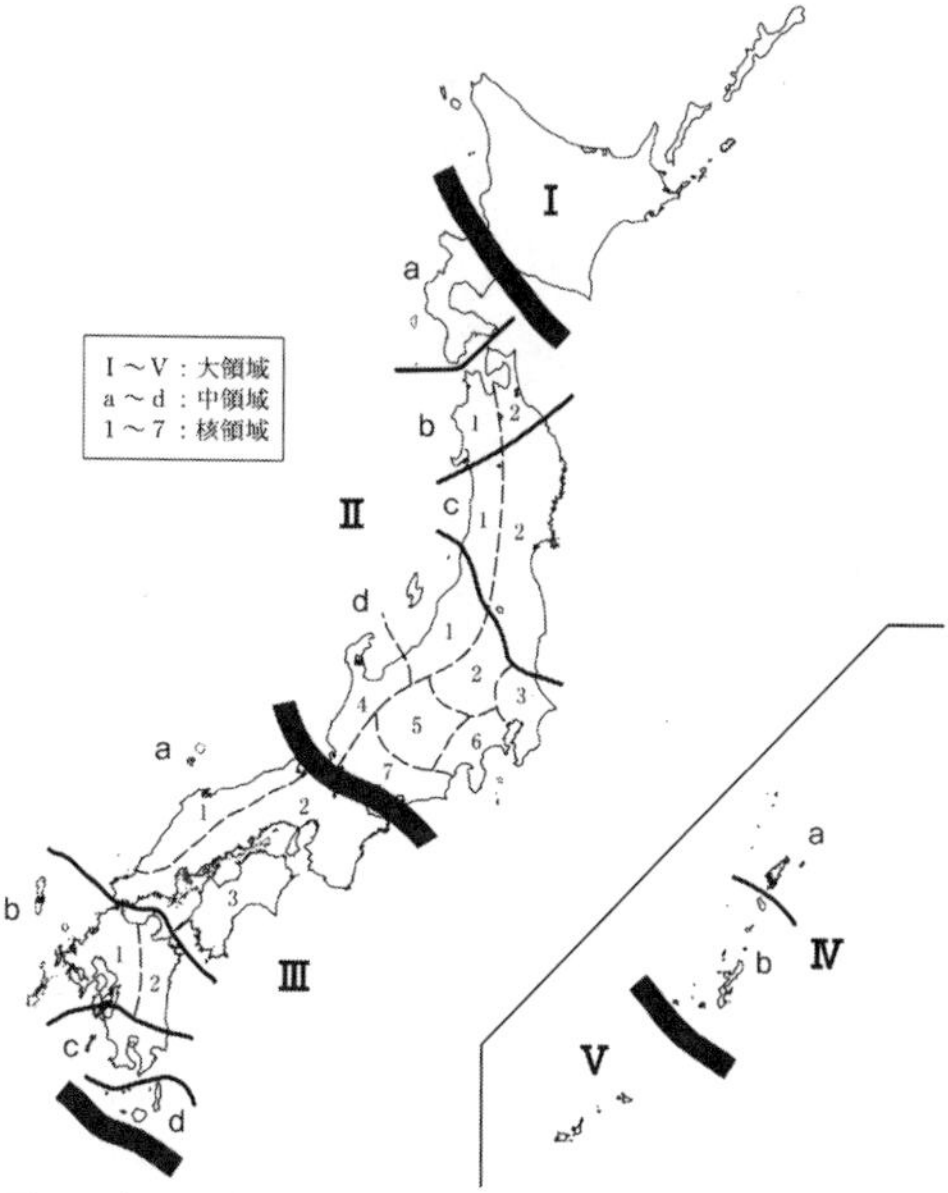

図4　小林達雄による縄文時代の領域

文化領域の考え方に基づいて「縄文文化」の領域区分を行ったのが小林達雄である（小林一九八三、図4）。小林のいう「土器様式」には「共通の雰囲気」を持つ複数の土器型式が含まれ、長く続くものと短命に終わるものとがある

写真３　縄文中期土器にみる複層性（国立歴史民俗博物館の展示）

とされる。また「領域」とは、縄文時代全般を巨視的に見た時に、土器様式の境界が何度も重なる範囲のことを指す。日本列島の各地域において、少なくとも縄文時代の早期から晩期に至るまで、同じような地理的範囲にいくつもの土器様式が生まれたことが捉えられている。いちばん小さな単位を土器型式として、土器型式―土器様式―領域という複層性が認識されるようになった。

「北海道・北東北の縄文遺跡群」の推薦書が基盤としている「地域文化圏」という単位も、小林の指摘した「領域」をもとにしている。図4でいえば、「領域Ⅱ」のうちのaとbから「地域文化圏」が設定されていることになる。

このような縄文土器に見られる複層性は、小林達雄が編者を務めた『縄文土器大観』や『総覧縄文土器』（小林編二〇〇八）によって、その後大変細かく検討されている。国立歴史民俗博物館で見学できる、縄文時代中期における土器様式圏の展示（写真3）には、その複層性がよく表現されている。

†「縄文文化」の中に「文化」を設定できるのか

「縄文文化」の複層性は、他ならぬ縄文土器の研究によって明らかにされてきたのだが、縄文土器以外の形で語られることは少なかった。先述のG・チャイルドによる「文化」概念に基づいて、土器以外の物質文化をもっと含んだ形で「文化」や、それに代わる単位が設定されることも可能だったのではないか。

「北海道・北東北の縄文遺跡群」を題材にしてこの問題を考えてみよう。

構成資産の一つである、大平山元《おおだいやまもと》遺跡（青森県外ヶ浜町《そとがはままち》）から出土した無文土器（写真4）は、約一万五〇〇〇年前に遡る列島最古の土器の一つである。もともと石器「文化」として設定された「神子柴《みこしば》・長者久保《ちょうじゃくぼ》文化」に伴うものとされたが、最古の縄文土器とみなす見方もある。

その位置付けは研究者間で異なるが、「縄文文化」の枠組みとは異なる土器・石器からなる「文化」として明示することも可能だったはずである。

写真４　大平山元遺跡出土の最古の土器と石器群

もっとも現在の研究動向では、これらの石器を「文化」としてではなく「神子柴系石器群」として広く捉え、後期旧石器時代から縄文時代草創期への移行期に見られる特異な現象と位置付ける見方が示されている。

本遺跡の測定年代は発表当時世界最古であり注目を集めた（谷口・川口二〇〇一）。しかしその年代や周辺地域との比較について英文の書籍（Habu2004）で紹介した羽生《はぶ》淳子《じゅんこ》は、個別の「文化」という形では示さず、あくまで「縄文文化」の一部として取り扱った。近年、S・ケイナーと谷口康浩（二〇一七）はこの土器を「神子柴・長者久保伝統（tradition）」として記述しており、「縄文文化」論と区別して位置付けようとする意図が見て取れる。

縄文時代前期から中期にかけての事例を挙げると、冨樫泰時《とがしやすとき》によって設定された「円筒土器文化圏」がある（冨樫一九七四）。円筒土器のみならず、この文化圏は津軽海峡を挟んだ地域内に分布する特徴的な石器や土偶にも着目して設定されており、考古学的な「文化」の定義に忠実と言えるだろう。小林達雄のいう円筒土器様式を、様々な遺物からも裏付けた研究といえるのではないか。なお近年、「円筒土器文化圏」の研究は特別史跡である三内丸山遺跡センターで進められているほか、北海道産の物資が東北北部に流通するなどの様相も見えてきている。

もちろんこの「文化圏」は伸び縮みを繰り返したため、まったく同じ地理的範囲が一万年以上維持されたことを意味するものではない。海峡を越えた相互交流関係が維持されたことを指摘しているのだ。このように「文化圏」が時間を超えて連続する様相を、縄文遺跡群の推薦では「地域文化圏」と表現することになった。

津軽海峡を挟んだ交渉関係に関する研究は様々な研究者によって進められており、筆者もそのうちの一人である（根岸二〇二〇b）。しかし自戒を込めて述べるが、土器研究に多くの労力が割かれたのに比して、石器など他の遺物を含めた「文化」に関する議論が低調であったことは否定できない。その結果、いかなる「文化」であるのか、隣接する「文化」との違いは何か、明らかにされてきた事例は限られるように思う。

「縄文文化」の中に大小様々な土器型式が含まれることが共通理解になっているのにもかかわらず、その中にどのような「文化」が含まれるのか、外からみて理解しにくい状況が生まれていることは認めなければならないだろう。そのために、それぞれの「地域文化圏」を認めることが理解されない現状に繋がっているのではないだろうか。

†「縄文文化」は海外にどう伝わっているのか

「縄文文化」が海外の研究者にどのように伝わっているのかについて取り上げ、本章を閉じることにしよう。それが世界文化遺産としての普遍的価値を、わかりやすく伝えることに繋がると考えられるからだ。鍵の一つとなり得るのが、やはり「縄文文化」の複層性に関する議論であろう。

縄文土器型式・様式の分布圏の研究が本格的に行われ始めた一九七〇年代以降になっても、日本考古学を研究対象とした海外の研究者にとって、「縄文文化」が個別の「文化」概念として取り扱うには広すぎるものに映ったようである。

C・チャードは『先史時代の北アジア』において、縄文時代に外部の影響がほぼ見られない「閉じたシステム」があったとし、そのシステムを〝Jomon tradition〟（縄文伝統）と表現している（Chard1974）。ここでいう「伝統」とは、北米考古学で一般的に用いられる、多数の「文化」を含んで長期間に及ぶ複合的概念であることに留意しておこう。

またI・ラウスは「縄文文化」の多様性や時間軸の長さを指摘した上で、「縄文文化」を「文化複合」（〝cultural complex〟）と定義し直し、多くのサブシリーズから構成されていたと解釈している（ラウス一九九〇）。

同様の指摘は近年G・バーンズからも示されており、各段階の土器様式を同時期の東アジアと比較する手法がとられている（Barnes2015）。また日本考古学に造詣が深いS・ケイナーが、近年小林達雄のいう「土器様式圏」の一つ一つを「伝統」（〝tradition〟）と呼び替えていることも重要であろう（Steinhaus and Kaner, eds. 2016）。

海外の研究者からこのような指摘を受けてきたのにもかかわらず、日本人研究者によって書かれた英文の研究書では、総称としての「縄文文化」が引き続き用いられ、多様な土器型式も「縄文文化」の地域色として紹介されるに過ぎない。結果として、その複層性よりも、文化的な特殊性の方が強調されて伝わっている可能性がある。

「北海道・北東北の縄文遺跡群」の、ユネスコに提出された推薦書に用いられた「地域文化圏」という言葉は〝local cultural region〟という英語に訳されているが、これと「縄文文化」との関連は明言されていない。

そのため、ユネスコの諮問機関である国際記念物遺跡会議（イコモス）から提出された評価書（ICOMOS2021）においても、「地域文化圏」に関する言及は見られず、「縄文文化」という表現に留まる。イコモスの調査員にとって、本地域を推薦する理由は理解できても、それが「縄文文化」の複層性を表現した言葉であるとは想像できなかったのではないだろうか。

筆者は、イコモスに属している何人かの考古学者に、日本における「縄文」のような使われ方をする言葉が他にもあるか聞いてみたことがある。ヨーロッパの「中石器文化」に相当するという予想通りの回答もあったが、南北アメリカの「パレオ・インディアン」やオーストラリアの「アボリジニ」という回答が印象的だった。彼らは日本の博物館の展示や縄文遺跡での解説を通して、まるで先住民の「文化」が語られているように感じたようなのだ。日本列島全体を覆うような、そして現在の日本人へとつながるような、特殊な先住民「文化」としてである。

もちろん縄文時代の研究は先住民の考古学ではない。そのような比較は弥生時代以降の歴史や人類遺伝学の成果を理解しておらず、的外れだと一笑に付すことも可能だろう。しかし、「縄文文化」論が日本人論と関連づけられてきたこと（泉・下垣二〇一〇）を踏まえると、先住民の「文化」のように見えるのも無理からぬことなのかもしれない。また外から見た「縄文文化」がそれほど大きな単位として映っていることに、我々はあまりに無自覚だったということも言えるだろう。

4 「縄文文化」論に向けて

†縄文遺跡群に寄せられる違和感

ユネスコに提出された「北海道・北東北の縄文遺跡群」に関する推薦書は、「縄文文化」の中に様々な「地域文化圏」が含まれることを認めた上で、これらの遺跡群は、その一部ではあっても「顕著な普遍的価値」を持つという理屈に基づいて作成された。

これは縄文土器が複層的に理解され、「文化」領域が設定されてきたという研究史に基づくものであったが、一方で日本考古学では総体的な「縄文文化」という概念が変わらず用いられ続けてきたために、その中の一つだけが評価されることへの違和感が表明される現状を生んでいるのではないだろうか。

重要なのは、これが縄文時代に限った話ではなさそうだということだ。日本から世界遺産として推薦される単位が「日本」を代表するとされる限り、似たような違和感が表明されることが続く可能性がある。本書の冒頭で示した古墳時代の世界遺産の事例では、もしも「古墳文化」が推薦の単位になっていれば、「縄文遺跡群」と同じような批判を浴びたかもしれない。文化多様性が世界のキーワードになって久しいが、過去の「文化」に現在の日本像が投影されていないか、自覚的になることが必要だと思われる。

†概念の整理

近年、山田康弘（二〇一五、二〇一八）や谷口康浩（二〇一九）などの考古学者によって、従来的な「縄文文化」論を再考する動きが起こっている。縄文時代に向けられてきた歴史観を変える必要があることには筆者も同意するが、同時に、これまで特殊な方法で扱われてきた「縄文文化」に関して、誰の目から見てもわかりやすいように概念整理を行う段階にきているのではないかと指摘したい。

縄文時代に周辺地域からの影響がほとんど見られず、農耕が受容されるまで長期間を要したのは疑いないし、特殊進化とも呼べる社会進化が見られたことは多くの研究者が認めるところである。しかしそのような「縄文文化」全体の評価に関わる議論と、「縄文文化」を複層的に理解する観点は、並び立つものであってもよいはずだ。

例えば高瀬克範《かつのり》は「縄文文化」について、D・クラークによる「文化」の分類のうち最も上位に位置付けられる、「テクノ・コンプレックス」に相当すると指摘している（高瀬二〇一六）。この比較にはさらなる議論が必要だろうが、「縄文文化」概念の複層性に踏み込んだという意味で重要な指摘と言えるだろう。

「縄文文化」やその下位の概念をどのように英語で表現するかについての整理がもっと早くから行われていれば、少なくとも「北海道・北東北の縄文遺跡群」において、縄文時代の一つの「地域文化圏」が「縄文文化」を代表するのかしないのかという議論は行われなかったはずだからだ。

世界遺産というフィルターは、図らずも「縄文文化」の複層性を浮かび上がらせていると言えそうである。

第2章

先史遺跡と世界遺産

1　世界遺産のイメージ

†古代文明だけではない世界遺産

世界遺産に選ばれた遺跡と聞けば、石造りの神殿などの巨大な遺跡を思い浮かべる方が多いのではないだろうか。それも地下に埋もれた状態ではなく、往時のかたちを残したまま廃墟となった姿のイメージである。

世界遺産条約が一九七二年に採択されるきっかけが、エジプトのアブシンベル神殿を含むヌビア遺跡の保護活動であったことや、世界遺産一覧表に最初の頃に記載されたのが、やはりエジプトのテーベや、グァテマラのティカルなどの著名な遺跡であったことからもわかるように、そのイメージはある意味では正しい。

少なくとも当初の世界遺産は古代文明の大規模遺跡が主体であり、モニュメント（記念物）としての側面が目立っていた。世界遺産条約の理念の一つが「文化遺産の保護」であることを考えれば、地上に露出していて、誰の目にもわかりやすい規模の遺跡が選ばれたのは当然と言えるかもしれない。これらの大部分はいわゆる文明が生まれた後の遺跡であり、古代国家が残したものが多くを占める。

しかし一九九〇年代以降、世界文化遺産には文化多様性を反映することが求められ、巨大な神殿や墓などのモニュメントが築かれる以前の、あるいはこれまでに知られていない地域、文化、さらに保存状況の遺跡にもスポットが当てられるようになった。「北海道・北東北の縄文遺跡群」は、まさにこのような文脈の中で世界遺産に選ばれた、先史時代の遺跡群なのである。農耕が営まれる以前という、世界遺産の中では珍しい特徴を持つ本遺跡群の登録をきっかけとして、まだ世界遺産に選ばれていない地域や文化の遺跡が今後推薦されるようになっていくかもしれない。

第2章では、そんな縄文遺跡群の人類史における位置付けを考えるために、先史時代の遺跡が世界遺産に選ばれる意味について取り上げることにしたい。

†先史遺跡の特徴

先史時代とは、文字が生まれ、人の営みが文献資料として残される以前の、人類史の大部分を占める時代のことを指す。現生人類が誕生し、世界各地に拡散した旧石器時代は共通するものの、それ以後の歴史の展開は地域ごとにまったく異なっている。

例えば、農耕の開始は世界共通のイベントに思われるかもしれないが、オーストラリア大陸のように一九世紀に至るまで狩猟採集の暮らしが続けられた地域も存在する。また、隣接するニューギニア島では数千年前からバナナなどの農耕が行われていたものの、穀物栽培や金属器の影響は及ばず、やはり一九世紀に至るまで無文字社会が続いていた。このような地域は最近まで先史時代が続いたことになる。ちなみにパプア・ニューギニアでは、「クック初期農耕遺跡」（二〇〇八年記載）という特徴ある先史遺跡が世界遺産に選ばれている。

他方、日本列島では紀元前一〇〇〇年紀に始まる弥生時代以前を先史時代と呼ぶのが一般的だが、西アジアのようにその数千年前から国が成立し、歴史時代を迎える地域もある。そのため、先史時代を一律に何年前と定義することは難しいのだ。

ただ、多くの先史遺跡に共通すると思われる点として、遺跡の保存状況が挙げられる。数千年前から、初期人類の遺跡であれば数百万年間という長い時間の中で、先史時代の遺跡は地下に埋もれてしまうことが多い。石や日乾《ひぼし》レンガを積み上げた作りであれば地上にも痕跡が残されるかもしれないが、土や木で作られた場合はどうだろうか。長い年月のあいだに自然に崩壊するか、腐ってしまうことになるだろう。

先史遺跡を世界遺産にしようとする場合、地上に何らかの痕跡が残るような保存状況とは限らないため、地下遺構の価値をどう評価するか、またそれをどのように保存するかも問われることになる。もちろん歴史時代の遺跡にも地下遺構を主体とするものもあるが、文献資料のない先史遺跡とは情報量に格段の差がある。

2　世界遺産に選ばれるまでのプロセス

†「顕著な普遍的価値」とは何か

先史遺跡との関係を論じる前に、世界遺産に選ばれるとはどういうことかを述べておきたい。世界遺産について解説した文献は数多いが、これまでの経緯とともに最新の状況を解説した『世界文化遺産の思想』（西村・本中編二〇一七）に最もよくまとめられている。この書籍を参照しつつ、筆者なりの見解を加えていこう。

世界遺産条約に謳われているように、世界遺産に選ばれるには、国際連合教育科学文化機関（ユネスコ）によって「顕著な普遍的価値」があると認められることが条件となる。「顕著な普遍的価値」とは大仰に聞こえるかもしれないが、〝Outstanding Universal Value〟の和訳で世界遺産独特の専門用語である。世界遺産には文化遺産、自然遺産および前記両方の特徴をもつ複合遺産の三種類があり、いずれの場合であってもこの「顕著な普遍的価値」（OUV）を有していることを証明しなければならない。

世界遺産条約の内容を円滑に進めるために策定された『世界遺産条約履行のための作業指針』の第四九項では、「顕著な普遍的価値」を「国家間の境界を超越し、人類全体にとって現代及び将来世代に共通した重要性を持つような、傑出した文化的な意義及び／または自然的な価値」と定義している。特定の国や地域にしか重要性を持たない遺産はその対象にしておらず、あくまでも普遍性が求められることに留意したい。つまり、たとえ日本列島にしか見られない文化であったとしても、人類史にとってどんな意義があるのか問われることになるのだ。世界遺産を目指す遺跡を所管する担当者たちは、それが表現する普遍的価値とは何であるかを、ユネスコに提出する推薦書の中で表現することになる。

「顕著な普遍的価値」を評価するため一〇項目の基準は、二〇〇五年に改定された『作業指針』によって定められたものだ。（i）から（vi）が文化遺産、（vii）から（x）が自然遺産を対象としており、これらのうちの少なくとも一つの基準を満たす必要がある。なお複合遺産は文化・自然両方の価値を有していなければならず、その数は二〇二一年七月段階で三九件と大変少ない(文化遺産は八九七件、自然遺産は二一八件)。世界文化遺産を目指すためには、(ⅰ)から(ⅵ)のうち該当資産に適合する基準を選び、ユネスコに提出する推薦書ではそれに沿って「顕著な普遍的価値」を説明することが求められる。

†世界遺産一覧表に記載されるまで

建造物であれ遺跡であれ、実際に世界遺産として推薦され、一覧表に記載されるまでの道のりは長く険しいものだ。「北海道・北東北の縄文遺跡群」のケースを題材にこの道のりを振り返ってみよう。

日本国内にある遺跡などの文化財が、世界遺産一覧表に記載されることを目指すためには、まずユネスコが所管する「世界遺産暫定一覧表」に掲載される必要がある。これは世界遺産条約の締約国が将来的な世界遺産候補をリストアップする制度である。

日本の場合は、文部科学省に設置される文化審議会の審査基準に従って選ばれることが定められており、文化庁が二〇〇六年より記載物件の公募を行ってきた。「北海道・北東北の縄文遺跡群」は、もともと青森県・秋田県から応募があったものを、北海道と岩手県が加わって合同で推薦する形となり、暫定一覧表に掲載された。

暫定遺産の中からユネスコに推薦する資産が選ばれるわけであるが、既に世界で一〇〇〇カ所を超えている世界遺産の数を抑制する必要もあり、各国から年に一件のみの推薦とされている。また二〇一九年より、各締約国から推薦される遺産は自然・文化・複合を合わせて一件のみとされているため、国内でのレースを勝ち抜くことが必要になる。

縄文遺跡群は自治体からの推薦を受けて二〇〇九年に暫定遺産となり、複数回にわたって推薦書素案を取りまとめたものの推薦候補には選ばれなかった。第1章で紹介したように、「なぜこの地域なのか」に代表される指摘を受けることになった。

二〇一八年に文化審議会によって文化遺産の候補に選ばれたものの、日本国政府としては自然遺産の候補である「奄美」を推薦すると決定したため国内推薦は得られなかった。二〇一九年に再び文化審議会で選ばれたことから国内推薦が決まったが、二〇二〇年は新型コロナウイルス蔓延のために世界遺産委員会自体が延期され、最終的に記載されたのは二〇二一年七月の拡大世界遺産委員会（於・福州）においてである。暫定一覧表に載せられてから世界遺産になるまで、足掛け十二年を要したことになる。

なお、二〇二一年七月の時点で日本の暫定遺産は五件であるが、文化審議会世界文化遺産部会は二〇二一年三月三〇日付の答申で、自治体の公募制度を停止し、また推薦に向けた活動を一定期間行っていない場合は一覧表から削除することもあり得るとした。

日本の場合、文化庁が設置する文化審議会（世界文化遺産特別部会）が、文化遺産の推薦候補の審議にあたる。世界遺産の審査に要する時間は締約国の推薦を受けてから約一年半であり、その過程において推薦書の提出や諮問機関の審査がある（表1）。

国連教育科学文化機関（ユネスコ）内に設置される、いわゆる世界遺産委員会が世界遺産一覧表の記載可否を審議し、決定する権限を有している。世界各地から提出される世界遺産推薦書の取りまとめを行うのがユネスコ本部事務局であるが、直属の独立組織である世界遺産センターが審査までの各種手続きを行っている。世界遺産センターに提出された推薦書は、次に述べるような調査・勧告を受けたのち、世界遺産委員会で審議されることになる。

†諮問機関による調査と勧告

国内推薦を得てから世界遺産委員会で審議を受けるまでの間に、ユネスコの諮問機関に

推薦書提出からの年次	期限	概要
第1年次前年	9月30日	締約国が記載推薦草案を事務局に提出（任意）。
	11月15日	事務局は締約国に対し、記載推薦草案の提出内容に不備がないかどうかの回答をする。不備がある場合は、具体的な不備の内容について示す。
第1年次	2月1日	完全な申請書の事務局提出期限。
	3月1日まで	関係諮問機関へ記載推薦書が送付される。記載推薦書に不備があった場合は、関係諮問機関の審査には付されない。
	3月～（第2年次の）5月	諮問機関による審査。（1年2カ月間）
第2年次	1月31日	必要に応じて、関係諮問機関は締約国に対して追加情報を提出するよう求めることができる。その要請期限。
	2月28日	関係諮問機関から要請のあった追加情報の提出期限。
	世界遺産委員会開催の6週間前	関係諮問機関が審査結果と提言を事務局へ送付。事務局はこれを世界遺産委員会及び締約国に伝達する。
	世界遺産委員会開会の14作業日前まで	締約国による事実関係の誤りの訂正。
	世界遺産委員会（6月～7月）	委員会は記載推薦書を審議し、決議を採択する。
	世界遺産委員会直後	締約国への連絡、関係書類の送付。事務局は最新の世界遺産リストを発表する。
	世界遺産委員会閉会の翌月	事務局は世界遺産委員会が採択した全決議を報告書にまとめて締約国に送付する。

表1　推薦書提出からの流れ

よる審査が行われる。世界遺産条約が定める諮問機関のうち、文化遺産の評価は国際記念物遺跡会議（通称イコモス、ICOMOS）が、自然遺産の評価は国際自然保護連合（IUCN）が行う。これらは様々な専門家によって構成される非政府機関である。三年に一度開催されるイコモス総会はさながら大規模な国際学会といった趣きであり、ホスト国が中心となって様々な決議が行われる場でもある（写真5）。

写真5　イコモス総会（2014年、於：フィレンツェ）

文化遺産の推薦書が提出された場合、イコモスは一〇人以上の専門家による推薦書の精読（デスクレビュー）を行い、その後に現地調査を実施する。推薦国とは異なる国に属する専門家を現地調査員として派遣することになるが、ある程度の事前知識と知見を持った専門家が望ましいのは言うまでもない。

縄文遺跡群のようにいわゆる遺跡が世界遺産の候補に推薦されれば、国際学術委員会の一つである国際考古遺産管理委員会（ICAHM）が中心となって現地調査に携わる専門家が選ばれる可能性が高い。縄文遺跡群のケースも含めて、これまでの日本の推薦資産にはアジア大洋州地域から派遣されることが多かったようだ。現地調査はすべての構成資産を実際に訪問することになるので、構成資産が多い場合は長期間に及ぶことになる。

デスクレビューと現地調査の結果を踏まえて、イコモスは「記載」、「情報照会」、「記載延期」もしくは「不記載」のいずれかを勧告し、その後に世界遺産委員会での審議となる。イコモス勧告と実際の審議が必ずしも合致しない点については様々な側面から問題視されているが、本書の主眼とは外れるので省略しておきたい。

イコモス勧告が出るのは世界遺産委員会の審議年の五月頃であるが、その前のタイミングで推薦書を提出した締約国に追加情報が求められることがある。縄文遺跡群の場合、二〇二〇年九月に「顕著な普遍的価値」、「完全性」および「保護措置および保全状況」についての追加情報を求められ、同年一一月に回答がなされている。このようなイコモスとのコミュニケーションも、ユネスコのホームページ上に掲載されている。

3　先史時代の遺跡を世界遺産にするということ

†世界遺産一覧表にみる不均衡

冒頭で述べたように、かつて世界文化遺産のうち遺跡に関しては、大規模かつ世界的に著名で、モニュメント的な性格を持つ資産が選ばれていた。よく世界遺産は大規模遺跡のみであるべきだという意見を見聞きするが、このような傾向のままであれば、「北海道・北東北の縄文遺跡群」のような先史時代の遺跡が、世界文化遺産に選ばれることはなかったかもしれない。

しかし、単独資産による推薦の形態、つまり大規模かつ代表的な資産を世界遺産として推薦するという傾向は、徐々にではあるが確実に変わりつつある。こうした中で、近年日本国内から推薦された遺跡、つまり「「神宿る島」宗像・沖ノ島と関連遺産群」(二〇一七年記載)や「百舌鳥・古市古墳群――古代日本の墳墓群」(二〇一九年記載)、そして「北海道・北東北の縄文遺跡群」が世界遺産として選ばれることになったのである。

世界遺産選定をめぐる変化の背景にあるのが、一九九四年の第一八回世界遺産委員会で採択された、「代表性・均衡性・信頼性のある世界遺産一覧表作成のためのグローバル・ストラテジー」である。この中で世界遺産一覧表に記載されている資産に様々な偏り、つまり不均衡があることが指摘された。

ヨーロッパという地域への偏りや、自然遺産よりも文化遺産が圧倒的に多いという明らかな不均衡はもちろん、遺産の種類（類型）にもバランスが求められるようになった。

ユネスコの諮問機関であるイコモスが、この不均衡の実態を分析した報告書を二〇〇五年に公表している。先史時代の遺跡の位置づけについて、この報告書をもとに考えてみよう。なお以下に出てくる世界遺産の数は二〇〇五年当時のものなので、現在はこれよりも増えていることに注意されたい。

考古学的な遺跡は、初期人類の遺跡、岩絵、さらに他の遺跡として区分されている（図5）。これらを合計すれば二〇〇カ所を超えるので、他の類型と比べて決して少ないとは言えない。大多数となる歴史的建造物や集落・都市、宗教遺産よりは少ないものの、その他の類型よりは多いことがわかる。

しかしながら、このうち先史時代の遺跡は、二〇〇五年の時点で五〇カ所余りとかなり少ないことがわかるだろう。先史時代の遺跡は時代ごとに分けることが可能だが、そこまでは考察されていない。しかし、狩猟採集民の時代のものは相当限定される傾向にあったことは明らかである。

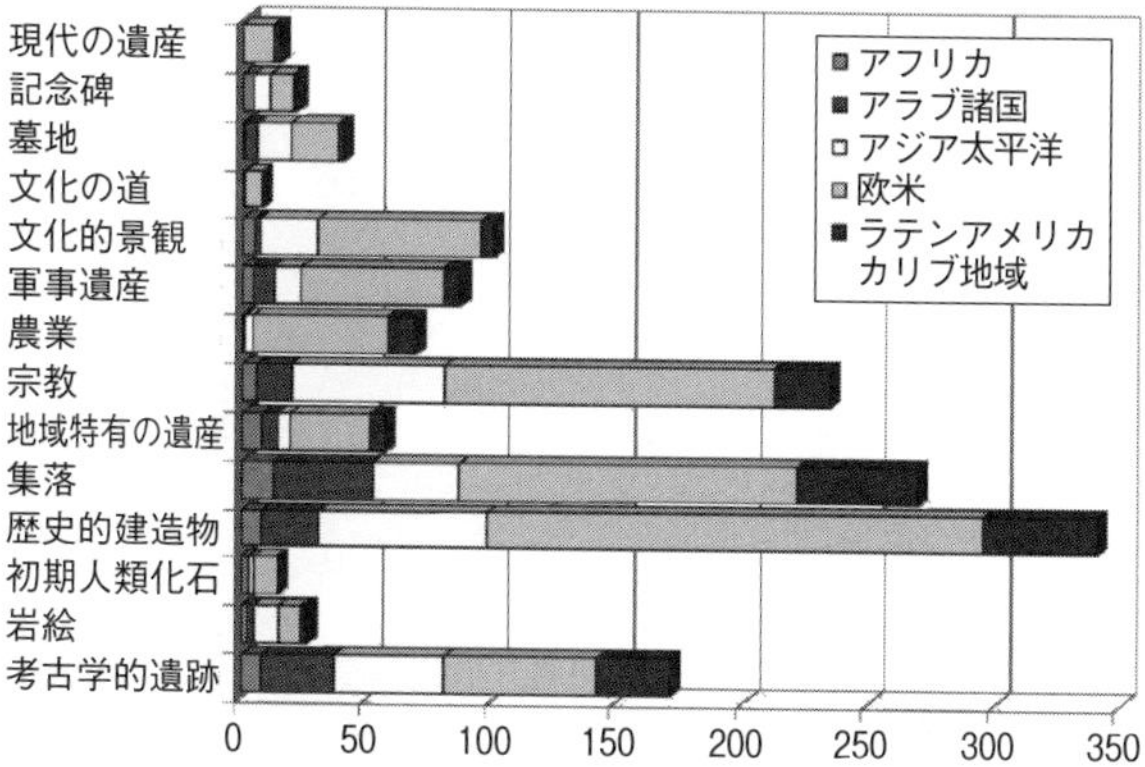

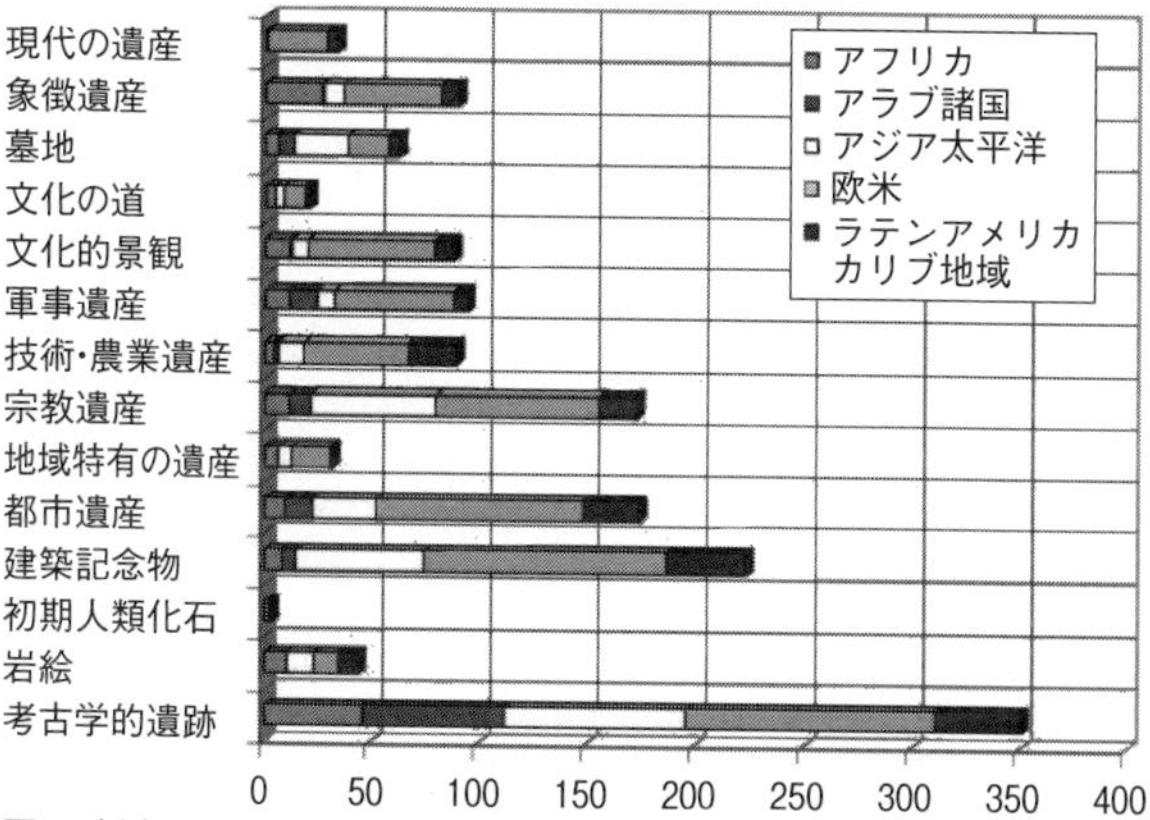

図５（上）　2005 年段階における類型別の世界遺産数
図６（下）　2005 年段階における暫定遺産のカテゴリー別総数

このような不均衡を是正するために、世界各地で考古学的遺跡が暫定一覧表に加えられた（図6）。各類型の中で考古学的遺跡が圧倒的に多く、三五〇ヵ所近くを占めているのは、それ以前の世界遺産とは異なる種類の遺跡、つまり記念物的な性格が弱い遺跡が、世界遺産の候補として選ばれていることを示すものだろう。二〇〇五年以後にどの程度の先史時代の遺跡が世界遺産となり、またその類型にはどんなものがあるのかは、第3章で詳しく検討することになる。

なお、暫定遺産でもヨーロッパの資産が多いが、他の地域からも満遍なく加えられていることがわかる。図6が作成された二〇〇五年当時、縄文遺跡群は暫定遺産に選ばれてはいないが、これまでの不均衡を是正するために考古学的遺跡、特に先史遺跡が注目されていたことは認めてよいだろう。そのために、後に世界遺産センターで先史遺跡についてのテーマ別研究が始められた。

†シリアル・ノミネーションと縄文遺跡群

世界遺産一覧表の不均衡を是正しうる新たな類型を探るために、様々なテーマ別研究が行われた結果、推薦される構成資産のあり方にも新しい傾向が見えてきた。一つは「国境を越えた資産」であり、複数の締約国が関わっての共同推薦が求められるものだ。もう一つが複数の構成資産を持って推薦を行う「シリアル・ノミネーション」である。

縄文遺跡群を含め我が国が近年推薦した資産の多くは、後者の手法を採っている。四九カ所の構成資産からなる「百舌鳥・古市古墳群」が国内では最多の事例となる。シリアル・ノミネーションの判断基準は以下の三つである。

①同じ歴史文化グループに属する
②同じ地理帯に特有なタイプの物件である
③同じ地理、地形形成、生物地理区分、生態系に属してひと続きのものとみなせる

縄文遺跡群は①に該当して縄文時代の開始期から終焉までをカバーし、かつ津軽海峡を挟んで共通の自然環境（北方ブナ帯）に所在し、全体で連続性のある文化群を形成するというのが推薦書でのコンセプトである。同じ地理という点も強調しているので、②に該当するということも言えるであろう。

縄文遺跡群にこの推薦手法が採られたのには理由がある。確固とした政治的権力が存在

せず、文化的中心を持たない狩猟採集民の時代において、「縄文文化」をいくつかの遺跡によって代表すること自体が難しいこと、一万年以上に及ぶ縄文時代全体をカバーするような単独の遺跡を想定できないことがその要因である。そのために、「同じ歴史文化グループ」の単位として「地域文化圏」が抽出されたのだ。

一方、国際機関によってもシリアル・ノミネーションの手法が勧められていたことも見逃せない。世界遺産一覧表の不均衡を是正するという文脈において、縄文遺跡群は国際機関の分析対象にも選ばれていた。つまり、世界遺産の総数がヨーロッパに比べて少ない東アジアに所在し、さらに数が少ない先史時代、しかも狩猟採集民の文化を表す縄文遺跡群は、このような不均衡を埋めるピースとして適していたのである。では、どのような分析がなされていたのだろうか。

まず、世界遺産センターが二〇一〇年に採択したテーマ別研究である、「人類進化に関するアクションプラン：適応、拡散そして社会発展」(略称HEADS) からみてみよう。本プログラムは先史時代の遺跡への理解を深めることを目的としており、〝World Heritage Papers〟シリーズの二九号で組まれた特集号 (Sanz and Keenan 2011) では、世界各地の先史遺跡との比較を通して、縄文遺跡群を含めた国境を越えたシリアル・ノミネーションの可能性を検討している。

例えば三内丸山遺跡（青森県青森市）で確認されたクリの栽培に注目し、先史時代の小規模食料生産の一例として取り上げたり、先史人類の海洋適応を示す事例として貝塚に着目するなどしている。現実的に考えると難しいと思われるが、「土器を持った東アジアの狩猟採集民」など、いくつかの切り口がありえるのかもしれない。

また、イコモスの国際学術委員会の一つの国際考古遺産管理委員会（ICAHM）は、大規模な記念物的遺構が少なく、多くは貝塚など地下遺構によって構成されるアフリカの先史遺跡に参考になる事例として、縄文遺跡群を例示して複数の種類の遺跡からなる推薦の方法を推奨していた（Willems and Comer 2011）。

†先史時代の遺跡と評価基準

先史時代の遺跡を世界遺産にするには、既に述べた「顕著な普遍的価値」に適合することを証明しなければならない。評価基準の項目は抽象的に書かれているものの、推薦遺産の種類によって向き不向きがある。先史遺跡にはどれが向いているだろうか。

多くの考古学的遺跡に採用されてきた評価基準（iii）は以下の通りである。

現存するか消滅しているかにかかわらず、ある文化的伝統又は文明の存在を伝承する物証として無二の存在（少なくとも希有な存在）である。

また特定の文化に言及する評価基準としては、「あるひとつの文化（または複数の文化）を特徴づけるような伝統的居住形態」など、人類と環境の関わりについて言及した評価基準（v）もある。「農耕以前の社会のあり方」を示す物証である縄文遺跡群は、評価基準（iii）と（v）を満たす資産と説明されている。世界遺産に選ばれた先史遺跡のうち、いくつかの集落遺跡でこれらの基準を用いた事例がある（巻末表1・2参照）。

他方、評価基準（i）の「人類の創造的才能を示す傑作」や、他の地域にも影響を及ぼすような「価値観の交流」を示す評価基準（ii）は、これまで単独または少数からなる大規模遺跡に多く適用されてきた。わかりやすい事例として、世界各地に分布する巨石文化が挙げられる。古くは「ストーンヘンジ、エーヴベリーと関連する遺跡群」（イギリス、一九八六年記載）に用いられたが、近年は「ギョベックリ・テペ」（トルコ、二〇一八年記載）にも適用された。このほかに芸術的要素が強い遺跡として岩絵がある。

評価基準の中に「文化」という用語が出てくることにも着目しておきたい。評価基準は遺跡だけでなくすべての文化遺産に用いられるため、ここでいう「文化」も様々な意味に取ることが可能だが、先史遺跡の場合は考古学的「文化」がその単位として用いられる。なお、他の先史遺跡がどの「文化」の代表例とされているのかも含めて、先史時代の資産と縄文遺跡群を比較する作業は第3章で行うことにしよう。

4 地下遺構と世界遺産

†地下に残された世界遺産

「北海道・北東北の縄文遺跡群」は、構成資産のほとんどが地下遺構（埋蔵文化財）からなる我が国初めての世界文化遺産である。また古墳時代よりも前の時代、つまり先史時代の遺跡ということでも初めての事例なのだが、地下遺構としての側面に着目することで縄文遺跡群の特徴を浮き彫りにしてみよう。

日本国内の世界文化遺産を見ると、「石見銀山遺跡とその文化的景観」（二〇〇七年記載）、

「平泉──仏国土（浄土）を表す建築・庭園及び考古学的遺跡群」（二〇一一年記載）、「百舌鳥・古市古墳群──古代日本の墳墓群」（二〇一九年記載）などが地下遺構を含む事例である。これらはいずれも地上から視認できる鉱山、古墳、あるいは建造物を主体としている。

地下に埋蔵されているために世界遺産に選ばれないということはないが、誰にとってもわかりやすい価値が何らかの形で視認できるか、あるいは表現されているかという点が、世界遺産の文脈で重視されてきたことは否めない。

縄文遺跡群の構成資産の中には、環状列石・周堤墓・盛土遺構など現地表面から視認できる遺構も含まれており、散布する貝によってその範囲を推定することができる貝塚もある。しかしこれらは後代の古墳ほど大規模なものでもないし、本格的な調査が入る以前には自然地形とみなされていたケースも多い。

また、暫定遺産の候補になっている「北海道東部の窪みで残る大規模竪穴住居跡群」（北海道）のように、地下遺構が地表面に窪んだ形で見られる事例は縄文遺跡群にはほとんど確認されていない。縄文時代の建造物の中に石やレンガで壁を作るものは確認されず、基本的に木材を組み、地面を掘り下げて作られているので、それらが崩壊・腐食してしまうと、柱などの部材が地上に残ることはほぼなく地下に残されることになる。縄文遺跡群は、まさに地下遺構によって構成された世界遺産なのである。

文化遺産のみならず自然遺産の中にも地下環境に所在するものが含まれており、地下遺構を含む事例が徐々に増加する傾向にあるのは確からしい（Trofimova and Trofimov 2019）。しかし水中に所在する遺跡（水中遺跡）に関する国際憲章は作られているものの、地下遺構を主体とするかどうかを重視して新たに類型が作られてはいないので、該当する世界文化遺産が何ヵ所あるのかは正確にはわからない。

一方、先史時代に限定して世界遺産になった事例から類例を探してみると、西アジアやヨーロッパに見られるような石組遺構が地上に残った遺跡や、地上で視認可能なテル（遺丘）が多くを占めていることがわかる。地下遺構を持つ遺跡は一般的だと思われるかもしれないが、地上から視認できないという意味において、縄文遺跡群は我が国のみならず世界的に見てもマイナーなタイプの世界遺産と言えるのだ。

†日本の史跡整備と地下遺構

日本から世界遺産として推薦される資産は、いずれも国の史跡、名勝、天然記念物などに指定されたものである必要がある。縄文遺跡群は国指定の史跡および特別史跡から構成されていることから、文化財保護法によって地下遺構およびその整備に関する取り扱いが定められている。

文化財保護法に記されている史跡の本質的価値とは、指定された土地に所在する遺跡が、「土地と一体となって有する我が国の歴史上または学術上の価値」のことである（第2条）。その価値が土地と切り離せないものである以上、地下遺構を包含する文化層はもちろん、直接的な関連性がない地表面も含んで「史跡」と呼ばれていることに留意しておきたい。

文化庁が二〇〇五年に発行した史跡等の整備の手引き（文化庁文化財部記念物課二〇〇五a・b）では、史跡の本質的価値を見学者にわかりやすく伝えるために、復元施設を含む積極的な整備が必要とされている。ここでいう「復元」は一般のイメージとはやや異なる意味を持つので注意が必要である。少し補足説明をすることにしよう。

日本の埋蔵文化財保護行政でいうところの「復元」は、発掘調査や自然科学的分析などに基づいて、一部分しか残存していない地下遺構が当時はこのような姿だったのではないかと推測し、再現する行為のことを指す。

たとえ柱穴と柱材のごく一部しか残っていなくとも、そこにどのような建物があったのかをいくつかの仮説を立てて検討し「復元」するのである。「復元」施設を設置する場所が博物館の中であれ遺跡の周辺であれ、その目的は発掘調査の成果をわかりやすく一般に伝えることであるし、また「復元」するという行為自体が当時の建築技術を理解する上で欠かせないものともいえる。

一方、地下遺構を対象にした「復元」に対して、破損した石造りの建造物や、古墳の石室の中に描かれた壁画をできるだけ元の状態に近づける行為は「修復」と呼ぶべきで、「復元」とは区別される。「修復」には特殊な技術や修練が必要で、専門家以外の一般市民が携わることが難しい。主に史跡整備の一環で行われる「復元」に、ボランティアの形で市民が参加することも多いこととは実に対照的である。

発掘調査を行った後の地下遺構を公開展示するにあたっては、遺構が検出された元の位置を保つことが重要視されてきた。縄文遺跡群のような地下遺構を主体とする史跡の場合、遺構の露出展示のほか、遺構の直上に適切な厚さの保護盛土を行い、その造成面において史跡としての価値や特徴を「復元施設」などによって表現することが求められる。

最も多いのが竪穴住居跡や掘立柱建物跡であるが、墓地や貝塚が表現されたり、後述するように植生復元も行われたりする。ユネスコに提出した縄文遺跡群の推薦書には、遺跡全体が保護盛土によって被覆されていることが明記されている。

†復元をめぐる国際憲章

世界的に見れば、地下遺構を遺跡内に「復元」するという行為は一般的とはいえない。植物質の材料によって建物が作られ、かつそれらがほとんど地上に遺存しない地域だからこそ、遺跡の保護措置として「復元施設」が必要だとも言えよう。これは日本だけで行われているわけではないが、石やレンガを積み上げた施設や建物が古代から作られ続けた地域（西アジアやヨーロッパなど）では類例は少ない。

このような現状を生んでいる要因の一つとして、「真実性」（オーセンティシティ）という概念を重視するため、遺跡における復元に慎重なイコモスの姿勢が挙げられる。この種の議論の基準となるのが、一九六五年にイコモス総会で採択されたヴェニス憲章（「記念建造物及び遺跡の保全と修復のための国際憲章」）である。

本憲章では推測に基づく記念建造物の修復と復元を厳しく戒めている。許容される復元行為は現地に断片的に残存した部材を組み立てて元通りにすること（アナイスタローシス）のみだとしているから、非常に例外的な事例でしか許されない行為とされていることがわかる。

一方、国際考古遺産管理委員会（ＩＣＡＨＭ）が中心となって一九九〇年に採択された、ローザンヌ憲章（「考古学的遺産の管理・運営に関する国際憲章」）の第七条では、実験研究などにおける「復元」が果たす役割を認めつつも、それは遺跡・遺構の直上で行われるべきではないし、またそれが復元物であるとわかるように明示するべきとしている。実験考古学的手法を念頭に置いた点で、ヴェニス憲章よりも遺跡の実態に即したものといえる。

これらの国際憲章は日本の史跡整備の方針とやや矛盾するところがあり、特に復元物についての取り扱いは本質的に異なるものといえるかもしれない。しかし世界文化遺産を目指す上で避けては通れないものである。

†縄文遺跡群と復元

構成資産の大部分で「復元」を伴う整備が行われてきた縄文遺跡群では、それらをどのように説明し、定義しているか見てみよう。

二〇一四年に開催した縄文遺跡群の国際専門家会合において、当時ＩＣＡＨＭの委員長を務めていたＤ・コマー氏（現アメリカ合衆国イコモス国内委員会委員長）は、これらの「復元施設」を「インタープリテーションのための保護施設」と定義した（Comer2015）。つまり周囲に地下遺構があることを明示し、来訪者の理解促進をはかるとともに、地下の遺跡を保護する機能を備えた施設とみなすという解釈である。コマー氏は遺跡内に設置される保護施設について、次の四つの条件を満たすものであるとした。

①まだ発掘調査されていない、手付かずの遺構・遺物を攪乱しないこと
②厳格な考古学的研究に基づいていること
③元の遺構で使用されている材料とは全く無関係のものを使っていること
④遺跡の保存において重要な要素になっていること

コマー氏の提言を参考にして、ユネスコに提出した縄文遺跡群の推薦書においては、「復元施設」をインタープリテーション手法の一つと位置付けて「立体表示」と呼んでいる。つまり地下遺構を有する遺跡の特質上、その価値を来訪者に理解してもらうために必要不可欠な施設が「立体表示」だとする理屈である。

「立体表示」が持つ教育的効果に付け加えて、可逆性も挙げられるだろう。御所野《ごしょの》遺跡（岩手県一戸町）において長年行われてきた土屋根竪穴建物の復元実験はその典型例であり、

遺構形成過程を復元するための実験考古学的手法が採られている（写真6）。

他方、保護盛土によって文化層が覆われ、その範囲内に立体表示が設置されていることを説明しても、それらが遺構の直上に設置される点については海外の専門家から異論が寄せられた。「復元施設」は遺構から独立した新たな建造物であるから文化遺産としての真実性に影響しないとみなす考え方が、ローザンヌ憲章の理念と合致しないためであった。

写真6　御所野遺跡の復元竪穴住居跡

ヨーロッパでは、博物館などの展示の一環として遺跡から離れた場所に設置される野外展示が推奨されている。例えば二〇一一年に世界文化遺産となった「アルプス周辺の先史時代の杭上住居群」のスイスに所在する構成資産では、緩衝地帯やビジターセンターの近くに復元建物跡が展示されている（写真7）。また世界的に著名な遺跡であるストーンヘンジ（イギリス）では、遺跡から約四キロメートル離れたビジターセンターに復元建造物が作られている。

縄文遺跡群は、先史遺跡における「復元」の重要性と多義性を示す事例といえる。今回の世界遺産登録をきっかけに、竪穴住居などで「復元」することで表現しようとしている遺跡の価値や特徴とは何であるのか、またそれは遺跡の真上でなければならないのか、見つめ直すよい契機になったと思われる。

近い将来、三次元計測データに基づくデジタル復元技術（VR・AR）の発達に合わせて、遺跡保護の考え方も徐々に変わっていく可能性は十分にある。縄文遺跡群では今後も発掘調査をはじめとした遺跡調査が続けられると思われるが、その調査成果の展示方法はこれまでとは異なるやり方が試みられていくであろう。

さらに史跡の復元整備プロセスを行政的な手続きのみで完結させることなく、広く市民に公開することも必要になるかもしれない。例えば保護盛土については、どのタイミングでどのように行われるべきか、いつまで遺跡・遺構を覆っておくべきかなど、意思決定のプロセスを関係者と広く共有すべきとする考え方もあるからだ。

写真７　ラテニウム博物館前の新石器時代復元住居跡

5 縄文遺跡群と景観

†考古学的景観

縄文遺跡群の推薦書には発掘調査後に保護盛土が行われ、その上に地下遺構の「立体表示」が復元整備されていることが記載されている。これは縄文遺跡群だけで行われているのではなく、日本の史跡整備で一般的に行われている手法である。

ただし遺跡の特徴や価値とは、復元整備のみではなく地形や立地を含めた構成要素全体によって表現されるものである。もちろん遺跡の近くに設置されることの多い博物館や資料館を訪問して、出土した遺物を含めたインタープリテーションを受けて理解が深まることは言うまでもないことだが、世界遺産では不動産、つまり遺跡そのものに表現された内容が問われることになる。また、世界遺産には資産の周辺環境を保全するために緩衝地帯(バッファゾーン)が必要不可欠であり、地下遺構を中心とした縄文遺跡群にも緩衝地帯が設けられている。

以上述べたような様々な要素によって複合的に創り出される景観を、ここでは「考古学的景観」と呼ぶことにしよう。縄文遺跡群にはどのような考古学的景観が見られるのか、さらにそれが世界遺産の文脈でどのように評価されるのかについて考えてみたい。

†土地利用のあり方と植生復元

縄文遺跡群においては、往時の土地利用のあり方についても普遍的価値を形作る要素の一つに位置付けて、多様な遺跡立地が縄文時代全般にわたって続くことが強調されている。縄文時代においては、丘陵や平野、低湿地などの遺跡立地の違いが生業活動に直結すると考えられるためである。視点を遺跡内部に移してみると、居住地・墓地・祭祀施設などの各要素が地点を違えて分布しており、構成資産内の土地の起伏そのものにも縄文遺跡群の普遍的価値が表現されているとみなしてよいだろう。

わかりやすい事例として、遺構分布地点の変化が海水準変動と対応している北黄金《きたこがね》貝塚（北海道伊達市）が挙げられる。また、垣ノ島《かきのしま》遺跡（北海道函館市）やキウス周堤墓群（北海道千歳市）のような盛土を伴う場合には、人為的に作り出された土地の起伏が目立つ。

さらに資産範囲内においては、遺跡内で出土した植物遺体や花粉分析に基づく植生復元も行われている。縄文時代開始期の大平山元遺跡（青森県外ヶ浜町）の場合には、寒冷気候下のまばらな針葉樹林が整備される計画であるのに対して（写真8）、三内丸山遺跡（青森県青森市）や御所野遺跡（岩手県一戸町）ではクリをはじめとした落葉広葉樹林が整備されている。このような植生復元は保護盛土の範囲内で行われるので「立体表示」と類似した機能を持つが、縄文時代当時に想定される周辺景観を再現したものといった方が適切である。

写真8　大平山元遺跡の整備状況（2021年撮影）

遺跡周辺に広がる緩衝地帯においても、各構成資産の内外から見た眺望を基準として、遺跡と調和した景観が創り出されている。世界遺産における緩衝地帯の設定の仕方は特徴や立地でも異なるが、縄文遺跡群の場合は「遺跡と調和」する眺望、つまり現代的な都市景観が見えにくいことが基準とされている。緩衝地帯は「顕著な普遍的価値」に直接関連しないものの、植栽がなされれば植生復元を補完することになる。

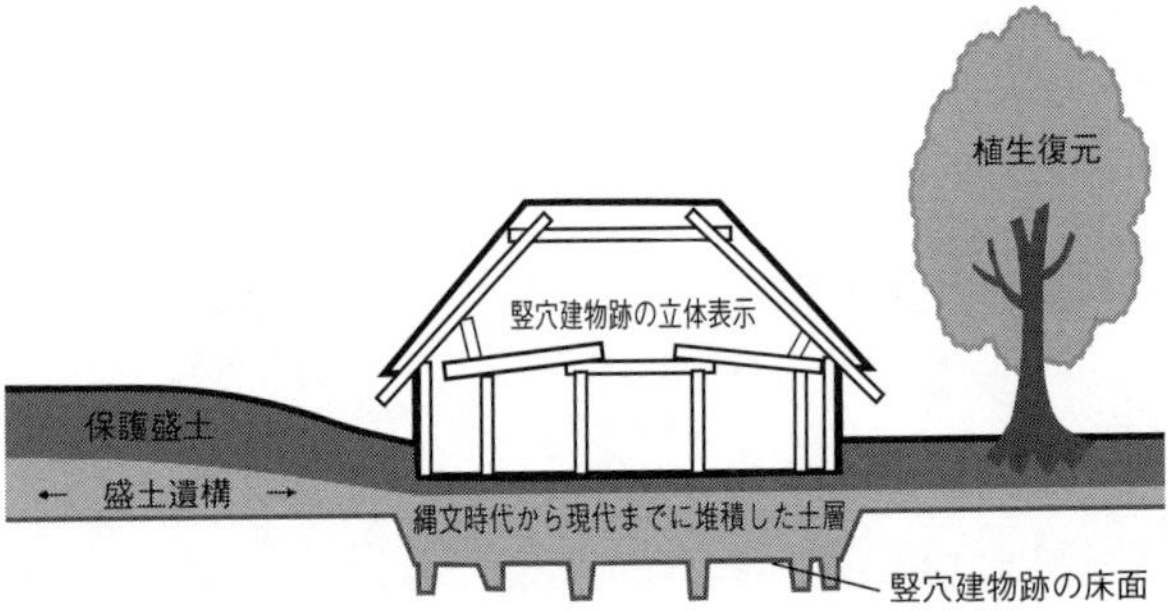

図７　「北海道・北東北の縄文遺跡群」における立体表示と遺構の模式図

†世界遺産の真実性

縄文遺跡群の各構成資産を訪れた時に見られる「景観」とは、周辺の自然地形を含めた遺跡立地に加えて、資産範囲内に整備された保護盛土、立体表示、植生復元および緩衝地帯の景観保全などによって総合的に表現されたものだ（図7）。史跡整備の一環として創り出された景観は、当然のことながら遺跡そのものと同一視することはできない。

縄文晩期の環状列石が見つかった大森勝山遺跡（青森県弘前市）では、保護盛土の直上に原寸大の環状列石を「復元」する取り組みが行われている（写真9）。実際の遺構が風化することを防ぐとともに、その地下に同一規模の遺構が埋蔵されていることを示す保護措置であるが、調査後の環状列石遺構を露出展示する大湯環状列石（秋田県鹿角市）とは区別される。「復元」遺構の所在位置が本物と同一であったとしても、遺構の残存状況をそのまま残すような景観とは本質的に異なるのである。

しかし「復元」された景観であっても、訪問者に遺跡の本質的価値を伝えるという機能は十分に果たされている。このような景観は、地下遺構の価値が損なわれることがないように保護するという機能も併せ持つことから、イコモスの定義する遺跡公園の条件を満たしている（ICOMOS2015）。

縄文遺跡群の事例は、遺跡の姿にできるだけ手を加えない景観のみが正しいのではなく、適切な管理方針の下で地下遺構の「復元」整備を行った成果としての景観もまた、世界遺産としての真実性を持ちうることを示している。このような考古学的景観は、自然環境や遺存状況、文化・歴史的風土などによっても左右されるし、多様なあり方があってしかるべきだろう。

写真９　大森勝山遺跡の整備状況（2020年撮影）

写真10　鷲ノ木遺跡の遠景写真

†現代における考古学的景観

　ところで縄文遺跡群には、保全状況に問題があるとして二〇一五年に構成資産から除外され、関連資産という位置付けになった二遺跡（北海道森町・鷲ノ《わしの》木《き》遺跡、青森県八戸市・長七谷地《ちょうしちやち》貝塚）がある。前者は「他遺跡に比べて十分な緩衝地帯が確保できていない」との指摘があり、後者は「高速道路が遺産の真下を通っている」という現代的景観が問題視されたという経緯がある。

　両事例とも地下遺構が確実に保存されたために史跡指定を受けており、特に鷲ノ木遺跡では環状列石を含む文化層に振動などの影響がないよう、継続的なモニタリングが行われている（写真10）。

　確かに遺跡の真下に高速道路が通っているものの、そのために埋蔵文化財が破壊されたわけではないし、縄文時代の遺構検出面とは直接的な関連性はない。また遺跡が表現している景観はあくまで古代における景観なのであって、現代における景観は副次的な要素であり、「顕著な普遍的価値」と直接関わるものではないはずだ。

それでは本遺跡は考古学的景観として不適切なのだろうか。やむを得ず開発と共存せざるを得なかったこの景観が、遺跡の「顕著な普遍的価値」になんらかの悪影響を与えているとみなすのならば、都市環境の中に所在し、現代的景観と共存する遺跡の多くは世界遺産たりえないのではないか。縄文時代の他史跡はどうか。考古学を専門分野とする筆者には、容易に答えが出せない課題である。建造物や庭園など、他の類型の世界遺産と同じ景観基準を先史時代の遺跡に当てはめて良いか否かは、今後の検証が必要だと思われる。

6　考古遺物と世界遺産

†動産を世界遺産にすることはできないのか

世界遺産条約は有形の不動産を対象としており、動産はそれ自体では「顕著な普遍的価値」を説明できないとされている。ここでいう動産とはいわゆる遺物、つまり土器、石器、金属器などのことを指すとイメージしてほしい。縄文土器の中にいかに芸術的に優れた作品があったとしても、世界遺産の対象にはしないという仕組みになっているのだ。遺跡と同様に、建築や庭園、景観など、いかなる種類の文化遺産であっても、動産や可動可能な文化財は世界遺産の対象にはなっていない。

その一方、ローザンヌ憲章第一条では考古学的遺産は人類の生活のすべての痕跡として定義され、動産（モノ）も含むとされている。もっとも、この憲章は世界遺産条約とは目的が異なるものであるため、両者の基準が合致していないのも無理はないのかもしれない。

理念としては遺物を対象にできない世界遺産だが、先史遺跡の中には遺物とは切っても切り離せない資産も含まれている。「周口店の北京原人遺跡」（中華人民共和国、一九八七年記載）や「サンギラン初期人類遺跡」（インドネシア、一九九六年記載）のような初期人類遺跡がその典型例である。初期人類の居住地として用いられた洞窟などは確かに不動産と言えるだろうが、果たして旧石器時代の人類化石なしで遺跡の普遍的価値を語ることができるであろうか。

遺跡から発見され、発掘調査現場から回収されたそれらは紛れもなく動産である。しかしいうまでもないことだが、様々な自然科学的分析に供され、博物館なりで保管され、時には展示されてこそ人類史上重要な価値を証明できるのである。もちろんこれら以外にも遺跡の地下に人類化石が包含されているのだが、遺跡としての価値を証明するのは既に遺跡から持ち出された人類化石であることを忘れてはならない。

†縄文遺跡群と考古遺物

縄文遺跡群の場合はどうだったのだろうか。世界的に見ても最も古いグループに入る土器や、一万年以上の間に大きな変化を遂げた縄文土器、造形美に優れた土偶は、「顕著な普遍的価値」の証明に貢献しないのだろうか。

先史時代の、それも地上に残る遺構が目立たない遺跡を世界遺産に推薦しようとすると、その価値や特徴を不動産、つまり遺跡の現状のみで説明するのは大変難しい。縄文遺跡群の推薦書では遺構の組み合わせと土地利用の移り変わりによって「顕著な普遍的価値」を説明したが、各時期の文化的特徴を示す土器・土偶・漆製品などの遺物を補強する材料として積極的に活用することになった。

イコモス調査員による現地調査時には、各構成資産から出土した遺物を見学する時間が取られたと聞くし、ユネスコに提出した推薦書には出土遺物の写真が多く掲載されている。これらの出土遺物なしで、縄文遺跡群の価値を証明するのはやはり難しいのである。

とりわけ大平山元遺跡（青森県外ヶ浜町）の場合は出土遺物が肝要である。本遺跡は、土器内部に付着した炭化物を年代測定したところ、今から約一万五〇〇〇年前に遡る測定値が出た遺跡として知られている。本遺跡からは日本列島で最も古い土器破片のみならず、局部磨製石斧など多くの石器群がまとまって出土したが、住居跡などの遺構を示す明確な痕跡は検出されていない。つまり遺物が地中に埋蔵される様相そのものが、構成資産として評価されたのである。初期人類化石の場合と類似したケースといえるだろう。

本遺跡近くにある大山ふるさと資料館や、やや離れた青森県立郷土館に展示された出土資料を抜きにして「定住初期のあり方」を証明することはほとんど不可能であるため、事実上動産を含んでの価値が認められたものと理解してよいのではないか。

是川《これかわ》遺跡（青森県八戸市）などで出土した発達した漆製品も、縄文遺跡群を語る上で欠かせない遺物（動産）である（写真11）。これらは遺跡内で生産された可能性が高いものだが、漆関連遺物が出土する地点と博物館で展示された美しい漆製品を組み合わせてこそ、遺跡としての特徴と価値を証明できる。やはり構成資産である垣ノ島遺跡（北海道函館市）から出土した縄文早期の漆製品は、現在のところ列島最古の年代測定値が報じられており、縄文遺跡群全体で漆文化の始まりと終わりが表現されている。

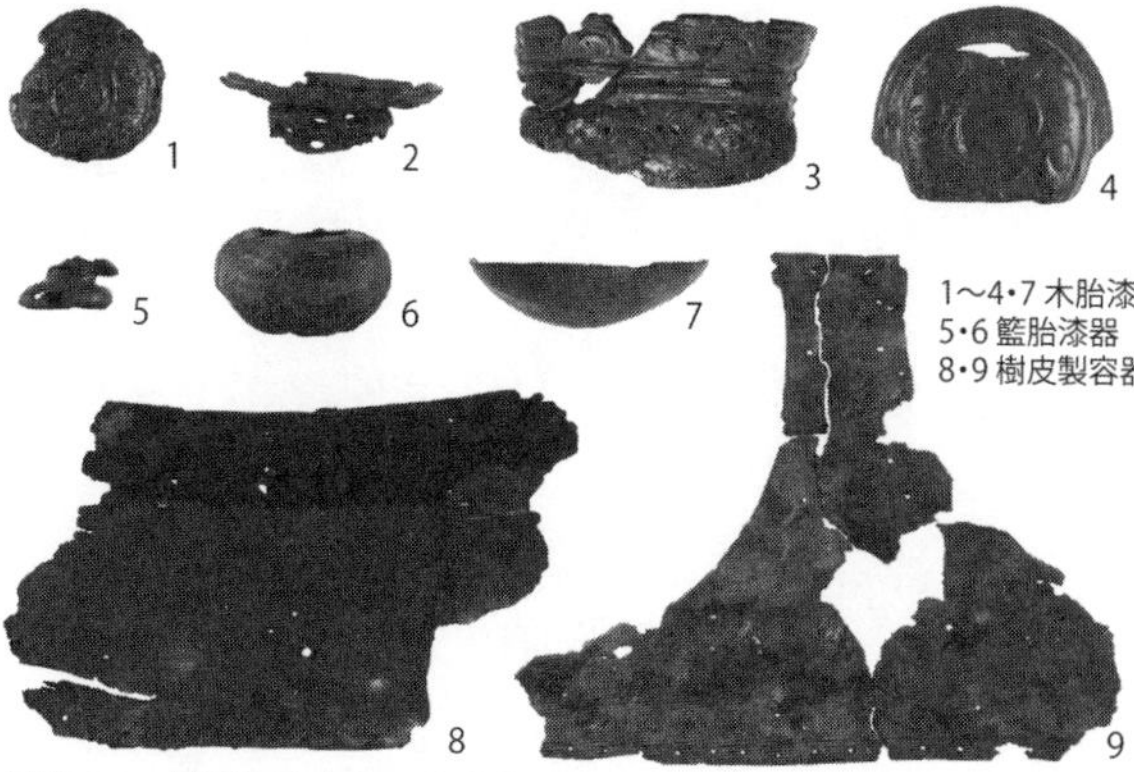

写真 11　是川遺跡出土の赤漆塗製品

†新たな推薦の形

今後は、これまでに世界遺産が出ていなかった地域からも、多様な考古学的遺跡が世界遺産の推薦対象になるだろう。その中には地下遺構を中心とする資産や、動産としての遺物が大きなウエイトを占めるものもあるかもしれない。

二〇二一年に世界遺産に選ばれた「アリカ・イ・パリナコータ州におけるチンチョーロ文化の集落と人工ミイラ製法」（チリ）はその典型例といえる。土器が出現する以前のプレセラミック期（紀元前六〇〇〇年紀から一〇〇〇年紀まで）における、特殊なミイラ製法という無形文化的要素とその遺物は、遺跡と共にその普遍的価値が認められることになった。

暫定遺産の中では「ラピタ土器文化遺跡群」（トンガ王国ほか）が挙げられる。ラピタ文化複合（"Lapita Cultural Complex"）は複雑な幾何学的文様を施す土器文化と、南太平洋の島《とう》嶼《しょ》部を遠くまで渡った先史時代の植民イベントによって知られている。ユネスコへの推薦が実現すれば数カ国にまたがるシリアル・ノミネーションの手法が採られるのであろうが、面的な発掘調査事例が少ないこともあり居住遺構がほとんど見つかっていないため、本例も動産としての土器文化抜きでの推薦は困難だと思われる。

地下遺構のみならず遺物（動産）を重視した縄文遺跡群のケースは、これらにとって新たな推薦の形を示したといえよう。

第3章

世界の先史時代との比較

1　比較の視点

†比較考古学とは何か

本章では「縄文文化」の人類史上の位置付けについて検討し、世界遺産に選ばれた「縄文遺跡群」と世界の先史時代の遺跡とを比較することを試みる。

他の地域に存在した同じ時代の遺跡や「文化」に限らず、多様な視点に立って比較を試みる方法は比較考古学と呼ばれる。菊池徹夫は比較考古学について、「可能な限り自文化をいったん異化し、客観化し、見つめなおそうとするための方法」（菊池・岡内編二〇〇五）としている。

考古学は歴史学の一分野とされることが多いので、特定の時代や「文化」を中心に研究するものと思われるかもしれない。もちろんそのような傾向が強いのは確かだが、それだけでは研究対象を人類史の中に位置付けるのは難しい。たとえ地理的・文化的に離れた「文化」同士であっても、大局的な視野に立って比較検討することも時には必要となる。

また比較考古学は、文化や社会の「過程」（プロセス）を比較する方法のことも意味する（阿子島二〇二二）。例えば日本列島の古墳時代に作られた「古墳」は、実は世界の様々な時代に見られる埋葬様式でもある。それぞれ異なる時代、異なる歴史的背景の下で出現する土を盛った大規模な墓なのだが、その出現プロセスを世界規模で比較することには一定の意義が認められる。

かつて王陵の比較考古学という分野の研究を都出比呂志《つでひろし》が中心となって進めていたが、近年は東アジアのみならずエジプト、ヨーロッパ、北アメリカに広がる多様な古墳群の類似性と相違点が議論されている（国立歴史民俗博物館編二〇二〇）。それらを築造した集団や「文化」同士に相互の関係性もなく、もちろん年代もまったく異なるのだが、古墳を作るに至った背景には意外な共通項が見出せるのである。

もちろん、地理的に隣り合う「文化」同士であれば、もう少し細かな分析方法が必要になってくる。日本列島の本州島を中心に展開した「弥生文化」と、朝鮮半島の「無文土器文化」はよい事例といえるだろう。両「文化」は時代的に併行しているし、実際に接触があったことが確認できている。「稲作農耕と青銅器文化が伝わった」という伝播プロセスの中にあって、両地域間を交易物資だけでなく人も動いているとなれば、比較する視点も精度が求められることになるだろう。

†世界遺産推薦のための比較研究

第2章で紹介したように、ある資産を世界遺産として推薦し、その「顕著な普遍的価値」をユネスコに認めてもらうためには、様々な項目からなる推薦書を作成する必要がある。その推薦書作成の過程で、比較考古学と似たような作業が求められることは、あまり知られていないのではないだろうか。

既に世界遺産に選ばれた資産か、少なくとも暫定一覧表に掲載されている資産と推薦資産を比較する作業のことで、「比較分析」もしくは「比較研究」と呼ばれている。比較研究はユネスコに提出する推薦書の中でも特に重要な項目でもある。全部で数百ページにもなる推薦書の中でも、数十ページに及ぶことが多い。本書で参照した推薦書の中では、最長で五〇ページに及ぶ資産もあった。推薦しようとしている資産に対して、世界中から似たような資産を探し出し、類似点と相違点を探し出すことを意味するから、比較考古学と同じような方法に思われるかもしれない。

しかし、その目指すところには大きな違いがある。推薦しようとしている資産が、世界遺産一覧表に掲載される価値があることを証明するということは、ほかに並ぶようなものがないことを示す作業に他ならないためだ。

比較考古学があくまで学術目的であるとすれば、世界遺産の分野でいうところの比較研究は、特定の推薦資産の「顕著な普遍的価値」を証明するために行われるものである。世界のどこかに推薦資産とまったく同じ条件のものがあれば、世界遺産としての普遍的価値が認められないことになる。

もちろん、世界に一つしかないような希少価値の極めて高い遺跡や建造物はほとんどないし、大概の遺跡は何かしらの共通点を持っている。よく特殊性が指摘される「縄文文化」ですら例外ではない。類似する資産の中でどの部分が他と違うのかを証明することで、世界遺産というジグソーパズルを構成する一つのピースになり得るのである。

したがって、世界遺産における比較研究はあくまで形式的要素の強いものといえる。学術的な比較というよりは、あくまで推薦資産が主張したい項目に従って、他の資産の中で類似性の高いものを絞り込み、最終的に違いがあることを指摘するというような、消去法に近い作業といった方が正しいイメージが伝わるだろう。

ただ、このような比較研究の作業を通じてこそ、その資産を客観的に位置付けられるという利点があることもまた事実である。特に「縄文文化」の場合、比較する対象をどこに求めるかという判断基準そのものが、研究史の枠組みと分かちがたく結びついてしまっているためだ。

†「縄文文化」と「新石器文化」

「北海道・北東北の縄文遺跡群」を世界遺産に推薦するにあたっても、国際的ルールにのっとって比較研究が行われた。筆者は当初からこの作業に関わったのだが、「縄文文化」の場合は日本国内にある他の世界遺産と異なり、「縄文文化」そのものの比較考古学的研究が古くから行われていたという事情がある。既に学術的視点から比較が行われているために、世界遺産に求められるような、範囲と対象を絞った比較研究の作業がしづらかったといえるかもしれない。

まず「縄文文化」について、これまでにどのような先史「文化」と比較されてきたのかを振り返ることにしよう。

第1章で紹介したように、「縄文文化」はもともと大陸の新石器時代に相当するとみなされてきた。新石器時代とは本来「磨製石器を用いる時代」という意味で、その前後に旧石器時代と青銅器時代が配置される。さらに新石器時代は、G・チャイルドによって農耕・牧畜が行われるようになった時代という定義も加えられた。しかしこのような時代区分はヨーロッパで作られた概念であるため、それを東アジアの中でも極東に位置し、農耕が大陸から伝わる時期が遅れた日本列島に適用しようとすることは大変難しい。

縄文土器出現の年代が世界の中でもかなり古いことが判明する一九五〇年代以前から、農耕を持たないのに土器や磨製石器を持ち、さらに定着性が強いという「縄文文化」の特徴が、ヨーロッパや西アジアの石器時代の区分法に合わないことが、様々な研究者によって指摘されてきた。農耕を持たないという最大の矛盾を抱えつつも、「新石器文化」の一つに位置付けざるを得なかったのである。

山内清男の解説が簡潔でわかりやすいので引用してみよう。

> 欧州その他の地では新石器時代に農業牧畜があり、それもその時代の特徴の一つに数えられるのであるが、同じく土器、磨製石器を持っていても農耕を伴っていない部分が世界の隅々に認められる。日本の縄紋式はその仲間と考えられる。（山内・佐藤一九六四）

狩猟採集の生活を続けながら土器を持つ文化は、多くはないにせよ当時既にヨーロッパでも確認されていたので、山内は「縄文（式）文化」をそのような種類の「新石器文化」の仲間として分類したのである。その一方で、農耕が行われないという点を重視し、日本列島に「新石器文化」の存在を認めないという考え方も根強く主張されていたので、共通理解が生まれることは難しかったのではないか。

†「縄文文化」起源論とその後

もともと「縄文文化」が「新石器文化」に相当するとみなされていた根拠として、土器や磨製石器を持つことが挙げられていた。その起源が大陸から伝播したと考えられていた点も、「縄文文化」の位置づけを考える上で重要である。

ここでは主に北方からの「縄文文化」起源論について、他地域との比較という観点から振り返ってみよう。現在の視点から見ると、「縄文文化」が外の地域に起源を持つという言説に違和感を持つかもしれないが、日本列島に「旧石器時代」が想定されていなかった頃の学説であることに留意してほしい。

「縄文文化」起源論は昭和に入ってから、山内清男や八幡《やわた》一郎によって始められた（八幡一九三六）。「縄文文化」が日本列島最古の人類が残した遺物だと考えられていた頃、その起源は朝鮮半島やシベリア、ヨーロッパなどの「大陸」に求められた。「縄文文化」の起源を外に求めようという姿勢は、伝播論をもとにした研究史として語られることが多いが、「縄文文化」を大陸の「新石器文化」と比較しようとした研究の端緒とみることもできるだろう。

北方起源論を受けた江坂輝弥《えさかてるや》は、大陸から複数の「新石器文化」が伝わって「縄文文化」が生まれたと主張した（江坂一九四三）。いわゆる南北二系統論と呼ばれる仮説で、北と南からそれぞれ異なった系統の「新石器文化」が伝わることを前提としていた。ただし江坂がこの仮説を唱えた時点では、縄文時代早期の土器「文化」が列島最古と見られており、縄文時代草創期はまだ知られていなかった。

一方、山内は「縄文文化」の起源を列島外に求め続け、「日本内地の主要文化は大陸からの渡来を契機として生じた」という解釈を行った（山内一九六九b）。縄文時代草創期に「渡来」文物を求めたのである。「渡来土器」を確定させる作業は「見込みがなくなった」としたが、代わって「渡来石器」が検討の対象となった。

「渡来石器」とみなされた代表例として矢柄研磨器《やがらけんまき》という石器が挙げられる。これらの石器がシベリアや大陸部でも見られることを根拠に、縄文時代の上限を紀元前二五〇〇年とした短期編年が提唱された（図8）。この年代観はもはや用いられていないが、「縄文文化」を「新石器時代」に相当するものと見ていたことは重要である。

「渡来石器」をめぐる研究史としては、石槍（植刃《しょくじん》）と土器の共伴をめぐるいわゆる本ノ木《もとのき》論争などのほか、「神子柴《みこしば》・長者久保《ちょうじゃくぼ》文化」に関しての議論があったことも見逃してはならない。山内清男・佐藤達夫によって、長者久保遺跡（青森県）や神子柴遺跡（長野県）から出土していた円鑿《のみ》形の石斧（局部磨製石斧）は、北アジアからの外来要素と考えられていた。

一方、山内がもともと主張していた伝播系統論を批判したのが芹沢長介《せりざわちょうすけ》である。「日本をふくむアジアのある地域において、採捕生活のなかから必要に応じて土器が生み出されたもの」として、東アジアに広がる細石刃《さいせきじん》文化の中にその脈絡を求めた（芹沢一九六〇）。芹沢の年代観は、後期旧石器時代と放射性炭素測定年代に基づくものであり、今日の理解につながっている。

その後、無文をはじめとする土器や細石刃、有舌尖頭器《ゆうぜつせんとうき》が伴う様相が明らかにされ、縄文遺跡群の構成資産の一つ、大平山元遺跡の無文土器が、それまで最古とみなされてきた

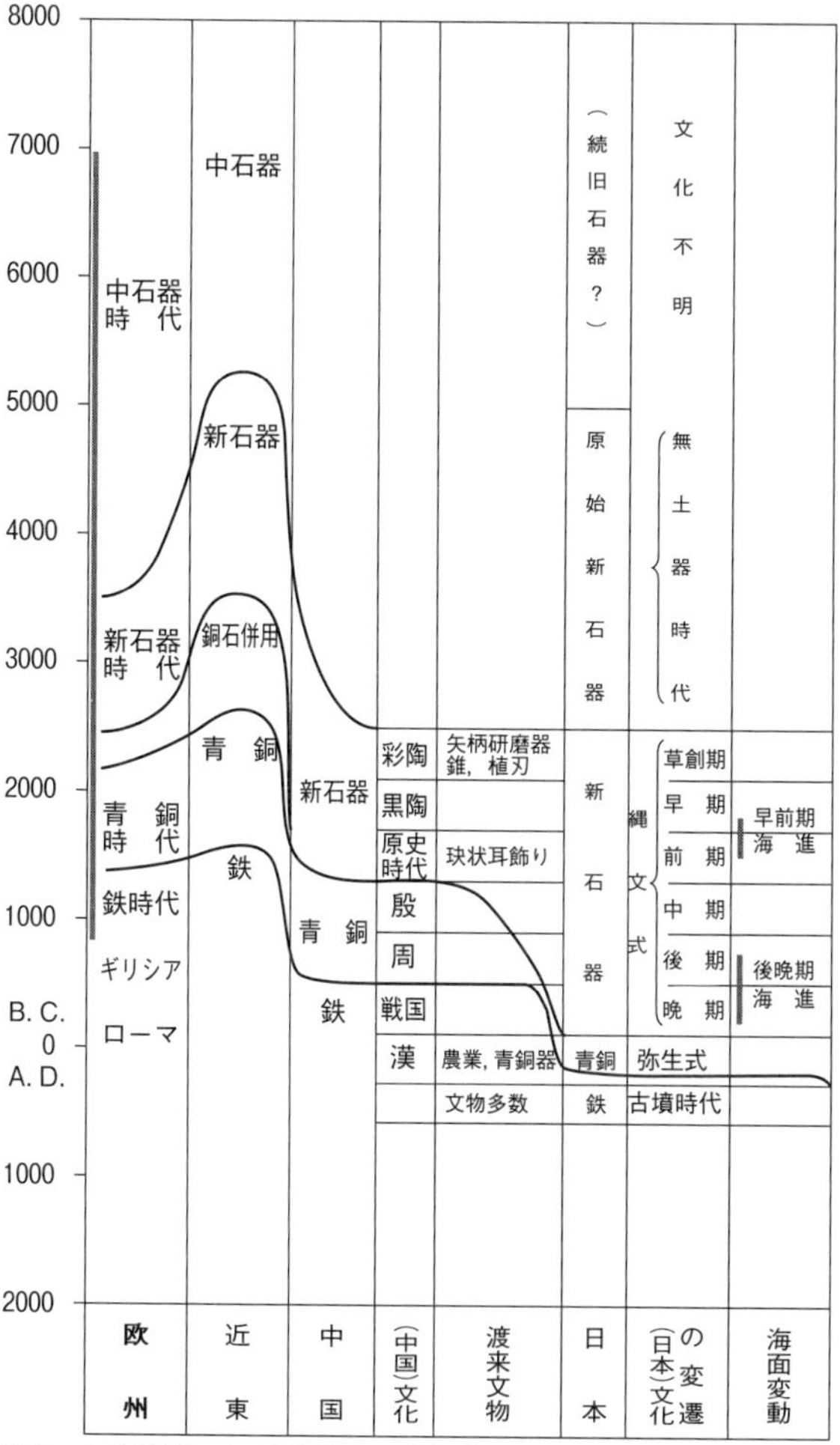

図８　山内清男による短期編年と人類史との比較

隆起線文土器よりも古くなることが確実となった。

このような発見を受けてもなお、山内以来の伝播系統論が一九九〇年代まで主張されていた点は強調しておきたい。例えば栗島義明は、石斧・石槍・土器という「北方要素」の組み合わせの起源として、アムール川下流域の「オシポフカ文化」が考えられると主張した（栗島一九九一）。「縄文文化」の北方における起源を、大陸の「新石器文化」の一つに特定しようとする考え方と言えよう。

極東ロシア地域の考古学が盛んに行われ、日本の研究者も参画している今日、少なくとも「オシポフカ文化」のような、特定の先史「文化」が東北アジアから日本列島に伝播したと考える研究者はいないと考えられる。福田正宏は、「縄文土器」出現に関わる山内清男以来の伝播系統論を「一元論的なパラダイム」と呼び、これを克服することで、環日本海に展開する新石器「文化」に多様性があることを認めるべきとする（福田二〇一九）。

大貫静夫《おおぬきしずお》の定義した「東アジア新石器文化の区別」が、「縄文文化」を東アジアの中で位置付ける上での基本概念になるので紹介しておこう。大貫は東アジアの新石器時代の比較的古い土器「文化」について、以下の三つに大別している（図9、大貫一九九八）。

①尖底深鉢土器に代表されるシベリア東部
②平底深鉢土器に代表される極東地域
③縄文丸底土器に代表される南の地域

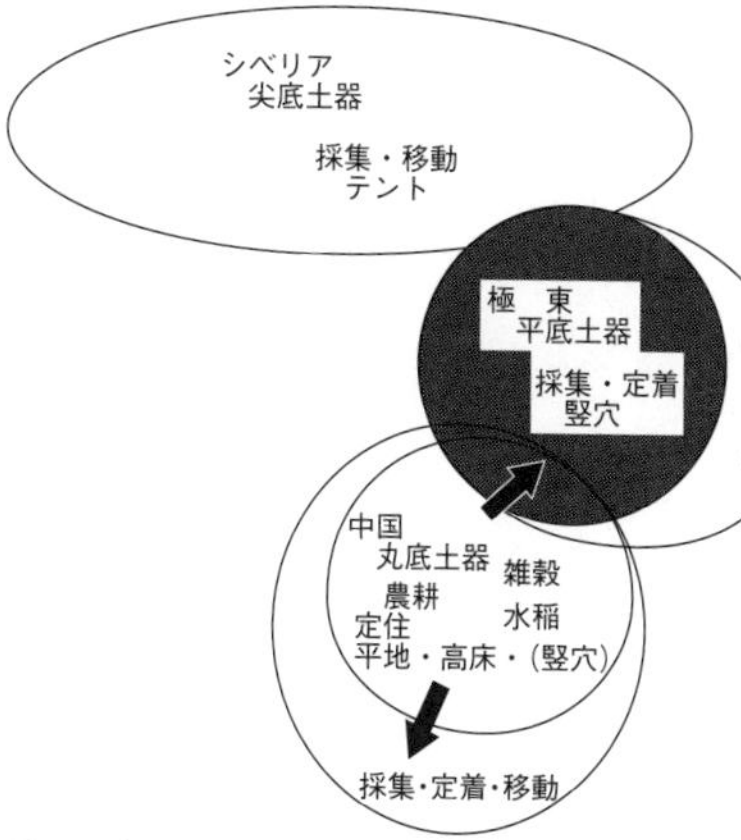

図9　東アジア新石器文化の区別

シベリア東部に移動的・遊動的な生活が、また、より南の地域に雑穀農耕を行い、平地式建物に住むという定住生活が想定されるのに対して、極東地域では竪穴住居に住む定着的狩猟採集民が展開したということになる。大貫に従えば、「縄文文化」は「極東平底土器」の系統に連なるものとして位置付けられることになろう。このように農耕は伴わないが土器を持つ、定着的な「新石器文化」という特徴は、大陸と比較することで明確になる。

†「縄文文化」の比較考古学

「新石器文化」の古典的な定義、つまり農耕・牧畜という条件にのっとった考え方に対して、日本列島の環境的特性に着目した研究は一九九〇年代に入ってから盛んになった。

アメリカで刊行された日本考古学の概説書（Imamura1996）において、今村啓爾《けいじ》は「縄文文化」を温帯森林に適応した形での食料生産に特徴を持つ「森林性新石器文化」（arboreal Neolithic）と表現した。落葉広葉樹林帯から得られる豊富な堅果《けんか》類などの自然資源を重視して、どのような特性を持つ「新石器文化」なのかを定義したのである。その後、「縄文文化」の特に後半期がそれに相当すると指摘したが、西アジアやヨーロッパと異なり、「中石器文化」的な様相からの移行は連続的だとした（今村二〇〇四）。

今村の一連の研究には、日本列島の比較考古学的研究を進めるという狙いのみならず、「新石器文化」という概念そのものに多様性を見出そうという問題意識が見てとれる。農耕、牧畜や土器を持つことが、様々なバリエーションを持つ「新石器文化」にとって必要十分な条件ではないということは、様々な地域の研究でも明らかにされてきている。近年大貫静夫によってなされた、東アジアにおける新石器時代概念の学史的検討と相対化によって、この点が一層明確になってきていると思われる（大貫二〇一九）。

農耕社会へと向かう社会の変化を「新石器化」と呼ぶことに対して、日本列島のそれを「縄文化」という現象として位置付けようとする観点からの研究も行われている。更新世／完新世移行期に起こった「縄文化」を、「気候・動植物相・資源構造等の劇的な変動を背景として、列島に居住した人間集団の、居住・生業・行動・技術といった諸側面全般に及ぶ文化・社会・生活上の一大変革期」だとみなす学説のことである（佐藤編二〇〇八）。「縄文化」という移行プロセスそのものが比較の俎上に載せられている。

「縄文文化」を人類史の枠組みの中で評価しようという動きは他の研究者にも広がっている。同成社から刊行された『縄文時代の考古学』シリーズの第一巻、『縄文文化の輪郭――比較文化論による相対化』には、様々な観点や歴史観に基づく論考が所収されている（谷口二〇一〇、佐々木二〇一〇など）。

他方、「縄文文化」を担った狩猟採集民がどのようなタイプの人々であったかという点について、狩猟採集民の民族誌と比較する研究も行われてきた。古くは山内清男がカリフォルニアのネイティブ・アメリカンと「縄文文化」を比較したことから始まる。渡辺仁《ひとし》が「縄文式階層化社会」（渡辺一九九〇）によって提起した「縄文文化」を「複雑化した狩猟採集民」の「文化」とみなす研究も盛んに行われている。本書では比較対象を先史時代の世界遺産に限定しているが、北米をはじめとした狩猟採集民の民族誌と比べることも可能であろう。カナダの「スカン・グアイ」（一九八一年記載）のような、トーテムポールなどを作る狩猟採集民が残した民族誌時代の遺跡も世界遺産になっているからだ。

総体としての「縄文文化」を世界と比較しようとする研究のほかに、縄文時代の土器様式圏の連なりを、隣接する東アジアの諸「文化」と比較しようとした研究もある（岡村二〇一二・二〇一八、Barnes2015）。中国やロシアの考古学でいう「文化」とは「縄文文化」における土器様式のような単位なのだから、小さな単位の「文化」同士を比べようとしたという意味で新たな試みといえるだろう。本質的な比較のためには、住まい方や生業にあらわれる環境適応のあり方など総合的な研究が求められる。

2　世界遺産一覧表における縄文遺跡群

ここまで考古学で行われてきた比較考古学の手法と、「縄文文化」がどのように大陸の「新石器文化」と比較されてきたのかを紹介してきた。

かつての「縄文文化」北方起源論では、土器を持つ大陸の「新石器文化」が日本列島に伝播したと考えられていたが、現在の研究水準ではその可能性はほぼ否定されている。少なくとも日本列島の北辺域については、「縄文文化」と周辺地域の「文化」のあいだに影響関係があったことを想定するのは難しい。むしろ、多元的に発生した「文化」と考えた方が考古資料の実態を反映しているようだ。

大局的に見た場合、それを「新石器文化」と呼ぶべきかどうかは判断が分かれるだろうが、従来の枠組みでは典型とみなされてこなかった「先史文化」が、極東地域には広がっているのだ。「森林性新石器文化」はその一例であるし、大貫静夫のいう「狩猟採集新石器文化」や、福田正宏が提示した「極東型新石器的世界」という枠組みも、「縄文文化」を人類史上に位置付ける上で有効であろう（福田二〇一〇）。

他方、縄文時代に農耕があったかどうかの議論は以前からなされてきたが、近年盛んに行われている植物考古学的研究によって、雑穀やコメ以外のものが利用されていたことが明らかにされている。一九九〇年代から三内丸山遺跡（青森県青森市）でクリの栽培が行われていた可能性が論じられていたが、レプリカ法と呼ばれる土器に残された種実圧痕を同定する方法によって、ダイズ・アズキなどが加えられた。

これらを「栽培」と呼ぶべきか、あるいは「管理」と呼ぶべきかは比較考古学の上でも重要な問題となる。また、植物利用について列島内に地域差があるのか、また世界には似たような「新石器文化」があるのかについても、今後解明されるべき問題であろう。

狩猟採集から農耕へという人類史の流れの中に「縄文文化」を位置付けるにあたって、年代的な違いがどれだけあるのかも把握する必要がある。「縄文文化」の年代が世界の先史時代のどのあたりに相当するのか、人類史の年表を作って比較することにしよう。

図10は、縦の列を紀元前の年表として時間軸とし、横にそれぞれの地域を並べ、先史時代の人類史の年表として示したものだ。考古学では年代測定を行うため「今から～年前(BP)」と表現するのが一般的だが、年表の場合は暦年代(BC)で表記することになる。例えば、約一万五〇〇〇年前の縄文草創期の土器であれば、紀元前一万三〇〇〇年の箇所に表示している。また農耕が行われた時代を網掛けで示しているが、縄文時代のように、小規模ながら食糧生産を行う狩猟採集民は反映していない。

世界遺産に選ばれた遺跡の名称は、該当する時代に斜体の小さなフォントで表示した。

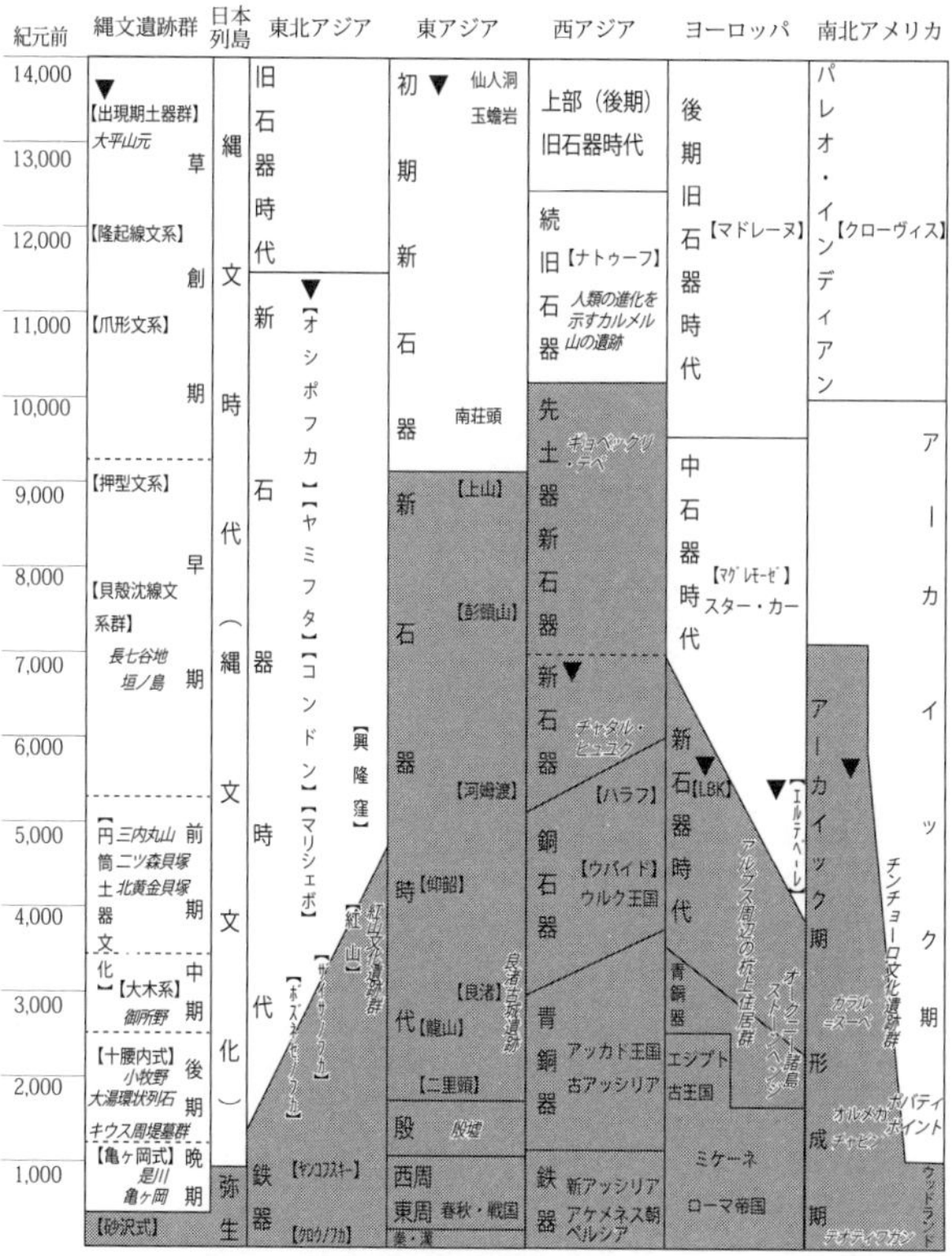

図10　世界の先史時代と各地の世界遺産

＊網掛けは農耕が行われた時代を、縦書きの文字は時代区分を、【　】は考古学的文化の名称を、斜体は世界文化遺産一覧表に記載されている資産名を表す（紅山文化遺跡群のみ暫定遺産）。文化名は本書で言及した事例か代表例だけを選択しており、【　】がついていない箇所は国または文明の名称である。また▼は土器出現期を表すが、東アジアはもっと古くなる可能性がある。暦年代は小林謙一（2017)、『季刊考古学』141号（2017)、福田正宏（2018)、Bogucki and Crabtree eds.（2004)、Gibbon and Ames. eds.（1998）および各資産の推薦書を参照。

東北アジアの「紅山文化」のみが暫定遺産である。世界遺産のいくつかは本章で取り上げることになるが、本書の巻末図版にその位置を、巻末表1・2に概要を示しているので参照してほしい。

本章では図10をもとに、世界遺産となっている遺跡と縄文遺跡群との比較を行う。このような比較研究は縄文遺跡群の推薦書でも示したが、本章では各資産がどのような「文化」を単位として推薦されているかを比較検討することで、「縄文文化」の複層性を浮かび上がらせるという狙いを持っている。また、縄文時代と同時代の世界遺産に、縄文とは違った特徴を持つ遺跡があることも紹介することにしたい。

あまり一般に知られていないいくつかの遺跡名や、「文化」名が登場することになるが、ここで用いられる「文化」の範囲には多様性があることをあらかじめ断っておきたい。第1章で述べたように、「縄文文化」という言葉の中には複数の「文化」が含まれているのに対して、他の地域で使われている「文化」はそうとは限らないためだ。

この結果、「縄文文化」は一万二〇〇〇年以上におよぶ特殊な「文化」であり、後期旧石器時代、ヨーロッパや西アジアにおける中石器時代、新石器時代および青銅器時代と、複数の時代にわたることがわかるだろう。これに対して縄文時代と同じ程度の古い土器を持つ東アジアでは中石器時代がなく、新石器時代および金属器時代（もしくは初期王朝）と併行することとなる。

南北アメリカに目を移せば、パレオ・インディアン、アーカイック期やウッドランド期など、別個の時代や「文化」区分名と併行することになるし、本書では紹介しないが、アフリカやオセアニアといった地域でも同様である。新石器時代という用語は広い地域で使われているものの、世界共通の時代区分というわけではないのだ。

†先史時代の世界遺産

先史時代の世界遺産が「北海道・北東北の縄文遺跡群」以外にいくつあるのか、またどのような種類の遺跡があるのかを確認することにしよう。同時代の世界遺産との比較を通じて、その普遍的価値を考えることが比較研究の目的の一つだからだ。

まず世界遺産では「先史時代」が広い意味で用いられていることを確認しておきたい。一般に、先史時代の遺跡は「歴史時代」より前の無文字時代を指すので、地域によっては青銅器時代が含まれない場合もある。西アジアやヨーロッパの青銅器時代には既に都市遺跡が生まれ、文字記録が残されているためだ。日本列島のように先史時代を長く取り、弥生時代を含める場合もあるので一律的な基準を作ることは難しい。このため、世界遺産の文脈では多様な遺跡が「先史時代」のものと表現されている。

そこで便宜的に旧石器時代、新石器時代、青銅器時代の三つに分けて、世界遺産に選ばれている遺跡を集成することにした。集成は「北海道・北東北の縄文遺跡群」の比較研究の項目で取り上げられた遺跡をもとにしたが、集落など同じ種類の資産に限定することなく、先史時代の資産であればすべて数え上げることにした。以下、図10に基づいて時代区分ごとに述べよう。

「旧石器時代」は、アフリカに見られる数百万年前の人類誕生の遺跡から、後期旧石器時代、さらに西アジアにおける「ナトゥーフ文化」の属する続旧石器時代までを対象とした。ただし東アジアから極東に広がる最古の土器は一万五〇〇〇年前より遡るため、地質年代の上では更新世に入ってしまうことに注意しなければならない。まだ氷期が続いていた旧石器時代の終わりころ、東アジアで土器が発生することになる。

これを有土器旧石器時代、つまり後期旧石器時代に土器が伴った時代と呼ぶべきだという指摘（今村二〇一七）があるように、一律的な線引きはなかなか難しいのである。世界遺産の推薦書では「縄文文化」の始まりの時期を新石器時代と捉えているので、東アジアの最古の土器群が伴う時代は旧石器時代から外すことにした。

同様に、「新石器時代」についても事情が複雑である。西アジアやヨーロッパにおいては農耕が開始されてから新石器時代とされているのに対して、中国、韓国、ロシア、日本などの東アジアでは土器の始まりを基準としているためだ（図10の土器出現の時期を参照）。また北米やオセアニアのように、農耕があっても新石器時代を使わない地域も多く、新石器時代がどの年代に相当するのかを一律的に決めることは難しい。

そこで、各地域で新石器時代とされている遺跡に加えて、おおよそ縄文時代（一万五〇〇〇年前〜二四〇〇年前）に併行し、かつ青銅や鉄など金属器が使われていないものをこのグループとした。西アジアでは、終末期旧石器時代に属する「ナトゥーフ文化」はこの中には含まれず、次の先土器新石器時代からこの時代となる。ヨーロッパではこの期間が短くなる一方、北アメリカではこの時代をやや長めに見積もることになる。東アジアでは金属器文化の始まりの年代が、中国大陸、朝鮮半島、日本列島の順番で遅くなる。

†世界遺産一覧表中の先史遺跡

世界遺産一覧表に記載されている先史時代の資産は、二〇二一年八月の時点で八三件である。世界遺産は全体で一一五四件、文化遺産は八九七件なので、この八三件という数をどう見るかである。先史時代は人類史の大部分を占めるので、少なすぎると感じるのは筆者が先史考古学を専門としているからであろうか。二〇〇五年時点に作られた図5・図6と比べると、当時の暫定一覧表から一定数の資産が新たに世界遺産になったことがわかるものの、まだまだ少ないといえるだろう。

ただし、これらには複数の構成資産からなる資産が含まれるので、遺跡数としては二五〇カ所ほどになる。遺跡数が資産数の三倍程度になるのは、「アルプス周辺の杭上住居群」(二〇一一年記載)だけで一一一カ所を超える構成資産(遺跡)を持つためだ。また、構成資産には先史遺跡を含むものの、「顕著な普遍的価値」を景観に置く資産は省いているので、本来の数はもっと多くなる。とはいえ、どのような時代の、どのような特徴を持つ遺跡が世界遺産に選ばれているのかという傾向を把握する上では、一定の意味を持つと思われる。

以上のことを踏まえて、世界遺産になっている先史遺跡の総数や地域差、時代ごとの数などを比べてみよう。なお、本書における西アジア地域にはアラブ諸国のほか、地中海沿岸のアナトリア地域にあるトルコを含んでいる。またアジア太平洋地域には東南アジアやオセアニア地域のみでなく、日本・中国・韓国からなる東アジアを含む。また、ヨーロッ

地域区分	旧石器	新石器	青銅器	合計	割合（%）
アフリカ	5	4	1	10	12.0
西アジア	2	8	5	15	18.1
ヨーロッパ	8	16	10	34	41.0
北米・中米・南米	1	4	0	5	6.0
アジア太平洋	7	6	6	19	22.9
合計	23	38	22	83	100

表2　世界遺産一覧表における先史時代の考古遺産（2021年8月）

パにはグリーンランドも含み、北米・中米・南米は一括することにした。

表2は地域と時代ごとの資産数を集計したものである。新石器時代の資産数が金属器時代よりも多くなるが、金属器時代の都市遺跡からは重複することの多いギリシア、ローマ時代の遺跡を省いて集計しているので、あくまで参考値と考えてほしい。後代の建造物を含む都市の中には古代都市遺跡も含まれるので、新石器時代の資産数を下回ることはないと考えられる。

注目したいのは、旧石器時代の資産数が新石器時代よりも少ないことだ。人類史のなかで最も長い時代である旧石器時代の世界遺産が少ないということは、世界遺産一覧表が抱える不均衡の一つといえよう。ユネスコ世界遺産センターによるテーマ別研究（HEADS）の代表者が旧石器時代の専門家であったことからも、その危機感が感じられる。

遺跡種別	旧石器時代	新石器時代
初期人類	5	—
洞窟	5	6
岩絵	11	8
その他	2	1
生産	—	2
集落	—	11
記念物	—	6
墓地	—	4
合計	23	38

表３　各時代の世界遺産の種別（2021年８月）

旧石器時代の資産の大部分はヨーロッパ地域に分布する岩絵である（表3）。フランスのラスコー洞窟を含む「ヴェゼール渓谷の先史的景観と装飾洞窟群」（一九七九年記載）や「アルタミラ洞窟と北スペインの旧石器時代の洞窟画」（一九八五年記載）をはじめとするこれらの遺跡は世界的に著名であり、一度は耳にしたことのある世界遺産であろう。洞窟遺跡として数えている遺跡にも岩絵を含む遺跡がある。また複合遺産であるオーストラリアの「カカドゥ国立公園」（一九八一年記載）もこの中に含めて集計した。これらの岩絵には世界遺産の評価基準（ⅰ）、「人類の創造的才能」の項目が適用されている。

初期人類の遺跡では、「周口店の北京原人遺跡」（一九八七年記載）や、ジャワ原人で知られる「サンギラン初期人類遺跡」（一九九六年記載）、初期人類の全身骨格が出土したマレーシアの「レンゴン渓谷の考古遺跡」（二〇一二年記載）などがある。これらはいずれも文化遺産であるが、元々自然遺産であった資産が、のちにその範囲内の遺跡を構成資産として追加したケースもある。タンザニアの「ンゴロンゴロ保全地域」（二〇一〇年記載、複合遺産）がそれであり、著名なオルドヴァイ遺跡を含む。

特徴的なのは、日常生活を示すような居住地の遺跡が少ない点であろう。シュクバ洞窟遺跡（「人類の進化を示すカルメル山の遺跡」イスラエル、二〇一二年記載）のような洞窟遺跡も選ばれているものの、居住地の痕跡が明らかな事例は含まれていないようだ。

確かに竪穴住居跡のような地下遺構を持つ遺跡は少ないかもしれないが、特に後期旧石器時代の遺跡ではいくつかのタイプの居住遺構も見つかっている。それらが世界遺産になっていないということは、旧石器時代人の居住痕跡という要素について、まだその普遍的価値が認められていないことを示すのだろうか。また旧石器時代の世界遺産が少ないということは、狩猟採集民によって残された世界遺産も限られるということである。農耕が始まった後も同様に、縄文遺跡群のような事例は少ない。

新石器時代の資産でもやはりヨーロッパが半数近くを占めており、他の地域は四〜五カ所ほどと少ない。遺跡種別では集落と岩絵が多数を占めている。旧石器時代と違って集落遺跡が多いが、レバノンの「ビブロス」（一九八四年記載）、キプロスの「バフォス」（一九八〇年記載)、オランダの「スホクラントとその周辺」(一九九五年記載)のように、金属器時代の都市へと継続的に発展する遺跡が含まれており、「縄文文化」と比較するにはあまり参考にならない。

新石器時代ならではの定住の様子を示すような集落遺跡は、トルコの「チャタル・ヒュユク遺跡」(二〇一二年記載)や「アルプス周辺の杭上住居跡群」(二〇一一年記載)など数資産である。この時代の記念物の遺跡数も限られるが、「オークニー諸島の新石器時代遺跡中心地」(イギリス、一九九九年記載)のように、集落と記念物とを組み合わせた資産もある。これらについては第3節以降に詳しく触れることになる。洞窟も居住地として使われたものだろうが、世界遺産になっている遺跡は旧石器時代から続く長期間の利用を示すものが多い。

†比較の観点

「北海道・北東北の縄文遺跡群」の世界遺産推薦書では、以下の四つの観点が「顕著な普遍的価値」(OUV)をはかる属性として示されている。

（a）自然資源をうまく利用した生活のあり方を示す
（b）祭祀・儀礼を通じた精緻で複雑な精神文化を示す
（c）集落の立地と生業との関係が多様である
（d）集落形態の変遷を示す

この四つの観点を通してみた際、これらすべてを満たす資産は縄文遺跡群以外にはない、という理屈で比較研究が行われたのである。

本章で行う世界の先史時代との比較は目的を異にしている。縄文時代と併行する新石器時代などの遺跡を対象とする点では一致するものの、比較する観点は以下の二つである。

第一に、縄文遺跡群と同じく狩猟採集民によって営まれた世界遺産はどれくらいあるのかを知ることだ。日本考古学の研究史で「縄文文化」に類似した「文化」として取り上げられてきたのは北欧の「エルテベーレ文化」だが、残念ながら世界遺産にはなっていない。狩猟採集民という条件に当てはまるのは、西アジアの「ナトゥーフ文化」の遺跡群やギョベックリ・テペ遺跡、北米のポバティ・ポイント遺跡などに限られる。これらの普遍的価値はどのように語られているのだろうか。

第二に、縄文遺跡群と類似した条件を持つ先史時代の資産が、どのような考古学的「文化」を単位として推薦され、普遍的価値があると認められたかを知ることである。既に世界遺産として選ばれた新石器時代の資産の中から、考古学的「文化」が明らかにされたものを選び出し、それらがどのような範囲を代表するとされているのかを検討する。比較分析を通して、「縄文文化」の特徴を浮かび上がらせることにしたい。

第3〜6節では比較対象となる遺跡や「文化」について取り上げ、「縄文文化」や縄文遺跡群と比較するための視点を考えていくが、固有名称が多数登場するため読みにくいと感じられるかもしれない。各「文化」や時代の年代については図10を、各遺跡の分布や詳細については巻末図および巻末表1・2を参照してほしい。

3　西アジアとの比較

†西アジア先史時代の概要

考古学で取り扱う西アジアは、現在のトルコに相当するアナトリアからザグロスにかけての北方山系と、アラビア半島やシリア砂漠、メソポタミア低地で構成される内陸地域、および地中海沿岸から紅海に至る地域の三つに分けられる。

世界遺産に選ばれている資産は、北方山系と内陸地域に分布している。最初に考古学的な年代区分について紹介しよう。

縄文遺跡群と併行する時代の中で、まず挙げられるのが「ナトゥーフ文化」（ナトゥーフィアン）である。イスラエルのワディ・エン・ナトゥーフという涸《か》れ谷《だに》に由来する考古学的「文化」のことで、紀元前一万二五〇〇年から九五〇〇年頃という年代が与えられている。後期旧石器時代の後に続く、続旧石器時代（"Epi-Paleolithic"）の「文化」の一つとされる。この「文化」に属する世界遺産があるため、本節で紹介しよう。

「ナトゥーフ文化」は、のちの新石器時代を思わせるような道具立て（フリント製石鎌、石皿、石鉢・石杵などの製粉具、彫刻を施した骨角器、ビーズ類）を持つ、定着的な狩猟採集民によって営まれた「文化」として世界的に知られている（西秋一九九七）。また、旧石器時代に比べて野生のオオムギやコムギなどの穀物を利用する「文化」であることは、多くの研究者が認めるとおりである。

ここでいう狩猟採集民は「フォーレジャー」、つまり相対的に見て移動性を持つタイプ

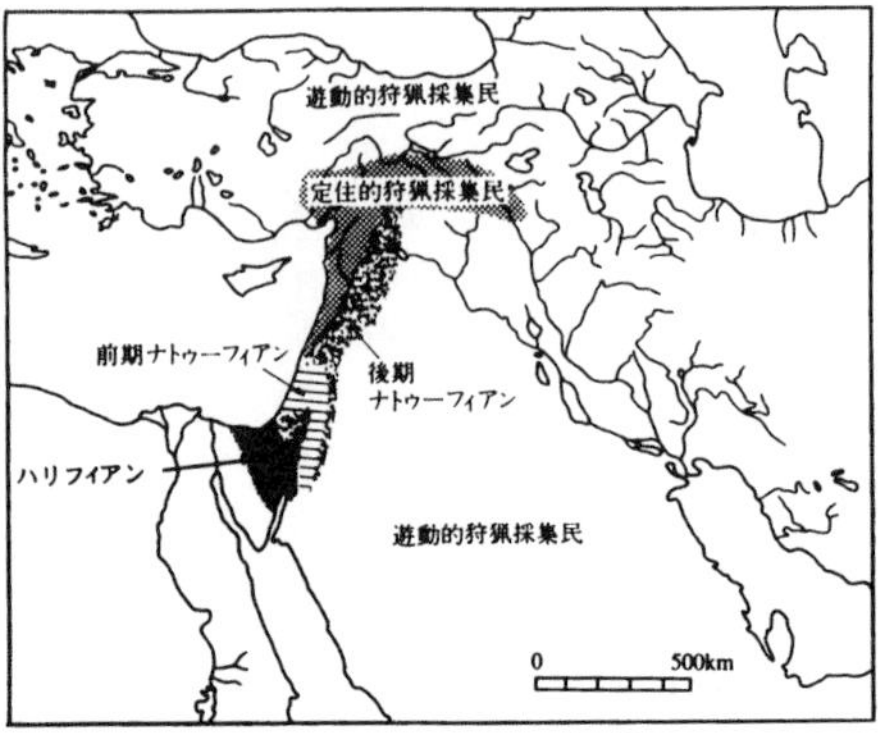

図11　ナトゥーフ文化期における領域

のことを指しており、より定住性が強い「コレクター」とは異なっている。貯蔵施設を持ち、通年居住施設を持っていた「縄文文化」の狩猟採集民は、コレクターの典型例として紹介されることが多いので、その前段階と理解すればイメージしやすいだろうか。

もっとも、「縄文文化」の定着性が高い居住形態は気候が温暖化する縄文時代早期中頃以後の姿であり、それ以前の時期はもう少し移動性を持っていたと想定されている。「ナトゥーフ文化」の狩猟採集民は日本列島と環境条件がまったく異なるため単純比較はできないが、フォーレジャーとして理解されている点を比較してもよさそうだ。

終末期旧石器時代の次に位置付けられるのが新石器時代である。そのはじまりは、コムギなどの植物栽培の開始によって定義されている。植物栽培が始められた地域が、「ナトゥーフ文化」の分布範囲（図11）と一致するのは偶然ではないだろう。もともと野生植物の利用がなされていたという前提があったのである。

新石器時代の前半期には土器を伴わない時代が長く続いた。西アジアにおいて土器が生まれるのは紀元前七〇〇〇年前後であり、それまでは先土器新石器時代と呼ばれる。この時代に土製品は作られていたものの、土器には至らなかった（下釜二〇一九）。先土器新石器時代はAとBという二つの時期に分けられている。年代は地域によって微妙に異なるが、PPNA（Pre-Pottery Neolithic A）期が紀元前一万年～八五〇〇年頃、PPNB期が紀元前八五〇〇～六五〇〇年前頃とされている。

PPNA期には日乾《ひぼし》レンガを用いた恒久性の高い集落や、それを幾重にも積み重ねて出来るテルが形成されるようになる。かつて「ナトゥーフ文化」が生まれていたヨルダン渓谷からユーフラテス中流域にかけての細長い地域、いわゆるレヴァント回廊において農耕が始められる。PPNB期には農耕牧畜地帯が西アジア各地に広がり、肥沃《ひよく》な三日月地帯が生まれることになった。

なお、PPNA期に属するも、農耕牧畜が行われた地理的範囲より外側に所在し、狩猟採集民によって構築されたと推定されているのが世界遺産ギョベックリ・テペ遺跡（トルコ、二〇一八年記載）であり、縄文遺跡群と比較することができるため後述する。

ところで、西アジアにおける土器の登場が、日本列島を含む東アジアから大幅に遅れたのはなぜかと考えるのも、人類史を横断的に比較するために重要な視点だと思われる。土器出現イベントについては様々な研究が行われており、この地域を専門としない筆者がこれ以上立ち入ることは避けたいが、土器によって生活様式の大きな変化が生じたとは考えられていない点にのみ触れておこう。コムギ・オオムギがそのままでも食べられたので、煮炊き用土器が発達しなかったとみなす解釈は興味深い。「縄文文化」を含む東北アジアの「新石器文化」研究で、土器が重要視されるのとは対照的である。

†「ナトゥーフ文化」の遺跡群

「ナトゥーフ文化」に属する世界文化遺産は、イスラエルに所在する「人類の進化を示すカルメル山の遺跡：ナハル・メアロット／ワディ・エルムガーラ渓谷の洞窟群」(二〇一二年記載)である(図12)。本資産は五〇万年以上前に遡る前期旧石器時代の「アシュール文化」期や、中期・後期旧石器時代の文化層を含み、四カ所の洞窟遺跡から構成されている。推薦書中ではこの長期間にわたる居住痕跡の価値が強調されている。

この中で「ナトゥーフ文化」に帰属するのはエル・ワディ洞窟遺跡である。本遺跡は

「ナトゥーフ文化」期の全般にわたって続いたほか、先土器新石器時代および土器が出現した新石器時代まで連続する文化層が検出されている。本遺跡の「ナトゥーフ文化」に関しては文化層のみならず、一〇〇個体を超える人骨が出土した墓地としての特徴についても推薦書中で述べられている。

「ナトゥーフ文化」は、それ以前に内陸乾燥地帯に分散していた狩猟採集民の集団が、ヨルダン渓谷に沿った比較的湿潤な地域に集まるようになったというのが定説とされている(西秋一九九七)。この「文化」を担ったのは定着的な狩猟採集民と考えられており、エル・ワディ洞窟遺跡の継続的な墓地としての利用も、定住性の表れと見てよいだろう。

「ナトゥーフ文化」前期の頃の遺跡分布域はかなり狭く、レヴァント回廊と呼ばれる地域の南部に集中するが、その周縁には遊動的狩猟採集民が広がっていたと考えられている(図11)。本「文化」後半期に訪れた温暖化に伴ってその分布範囲が広がるものの、定住の開始というイベントが比較的狭い範囲で開始されたのは確からしい。

「人類の進化を示すカルメル山の遺跡」の世界遺産への推薦書では、前期「ナトゥーフ文化」の分布範囲、つまり地中海沿岸に広がるコアエリアを代表する遺跡であることが強調されている(図12)。

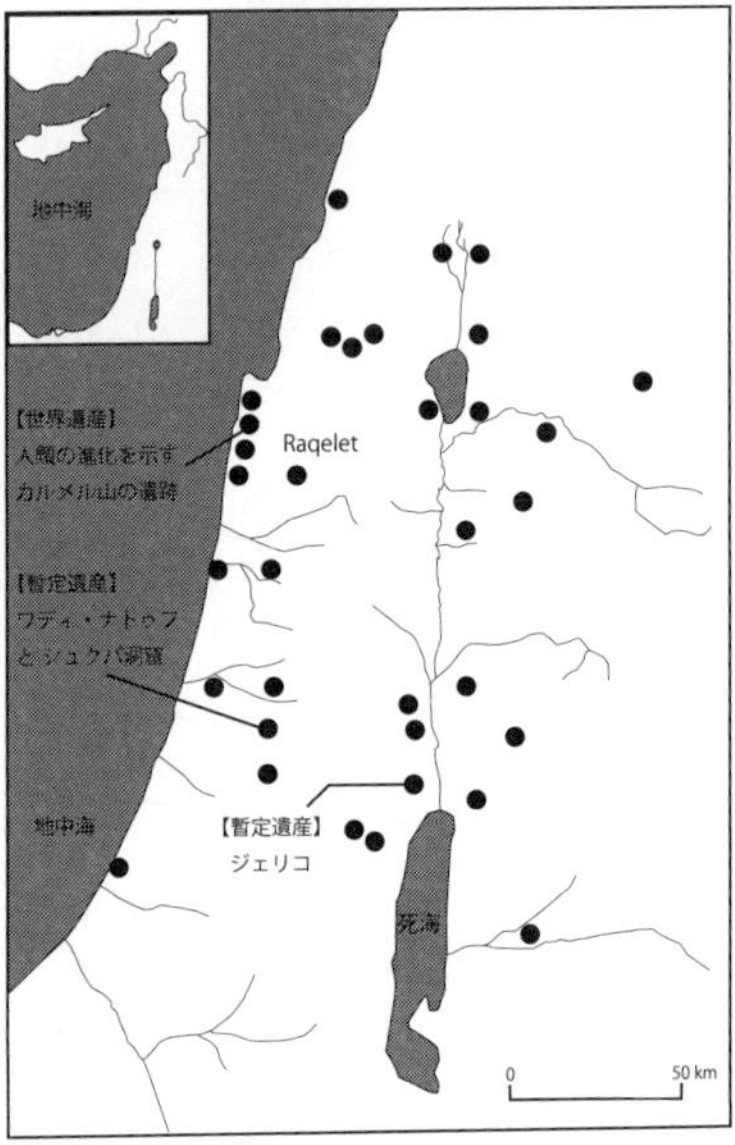

図12　ナトゥーフ文化のコアエリアと遺跡群

この遺跡分布域は南北一五〇キロメートル、東西一〇〇キロメートルほどの範囲に相当する。「ナトゥーフ文化」は約三〇〇〇年間にわたって継続した「文化」であるが、世界遺産になった本遺跡がその全体を代表するのではなく、特に前期のコアエリアを代表するという論理で推薦されていることに着目したい。本資産は「ナトゥーフ文化」だけを対象にしたものではないにせよ、評価基準（iii）、つまりある文化の存在を伝承するという「顕著な普遍的価値」を、本「文化」の一部によって証明する方法がとられたのである。

世界遺産の暫定一覧表に載せられている、「ナトゥーフ文化」を含む二つの資産について見ておこう。パレスチナに所在する、「ワディ・ナトゥーフとシュクバ洞窟」と、「古代ジェリコとテル・アッスルターン」の二カ所である。後者の著名な都市遺跡ジェリコは、先土器新石器時代の石壁で囲まれた集落や、さらに新しい時代の都市遺構に特徴を持つので別枠で考えるにしても、前者は「ナトゥーフ文化」そのものを価値の中心に据えた方法によって推薦することになろう。

本資産は「ナトゥーフ文化」の標識となった遺跡でもあり、エル・ワド洞窟遺跡と共通点が大きく同じコアエリア内に所在する（図12）。「ナトゥーフ文化」内の文化的多様性や、前半と後半の「文化」内容、環境適応の違いについても研究が進められているようであるが、それが世界遺産の推薦にどう活かされるのかはわからない。同じ考古学的「文化」に属する複数の資産が世界遺産として認められるのか、その際にどのような比較研究が行われうるのかは、今後注視していきたい。「縄文遺跡群」にとって重要な比較対象となり得るためだ。

†ギョベックリ・テペ遺跡

次に紹介するのが、先土器新石器時代の前半期（PPNA）に属するギョベックリ・テペ遺跡（トルコ）である。

本遺跡は南東アナトリアのゲルムス山脈に所在し、先土器新石器時代の巨石構造物群を有する遺跡である。チグリス、ユーフラテスの両流域に囲まれた地域の、石灰岩でできた丘陵地帯の頂上に、岩も少なく農業に適した茶色の土壌が広がる範囲がある。トルコ語で「臍《へそ》のある丘」とか「太鼓腹の丘」を意味する「ギョベックリ・テペ」と呼ばれる丘の上に、人工的に作られたテル（遺丘）である本遺跡がある。二〇一八年に世界遺産一覧表に記載された。

本遺跡は巨石構造物群と多数の建造物群によって構成されており、先土器新石器時代の狩猟採集民によって作られた点が最大の特徴である。放射性炭素による年代測定によって、最も古い遺構D（紀元前九五〇〇年頃）から最後に作られた遺構A（紀元前八五〇〇年）まで、約千年間にわたって造営が続いたことが復元されている。一つの建物が数十年、数百年と継続して使われていたらしい。

本遺跡を特徴づけるのは、直径一〇～三〇メートルにおよぶ大型の円形遺構四基（A～D）が、T字形に作られた彫刻を施す石柱群によって囲まれている景観である（図13）。最も遺存状態がよい円形遺構Dは直径二〇メートルで、中央に高さ五・五メートルの巨大な石柱が向かい合わせに屹立し、その周囲に十二本の小型の石柱がめぐっている（写真

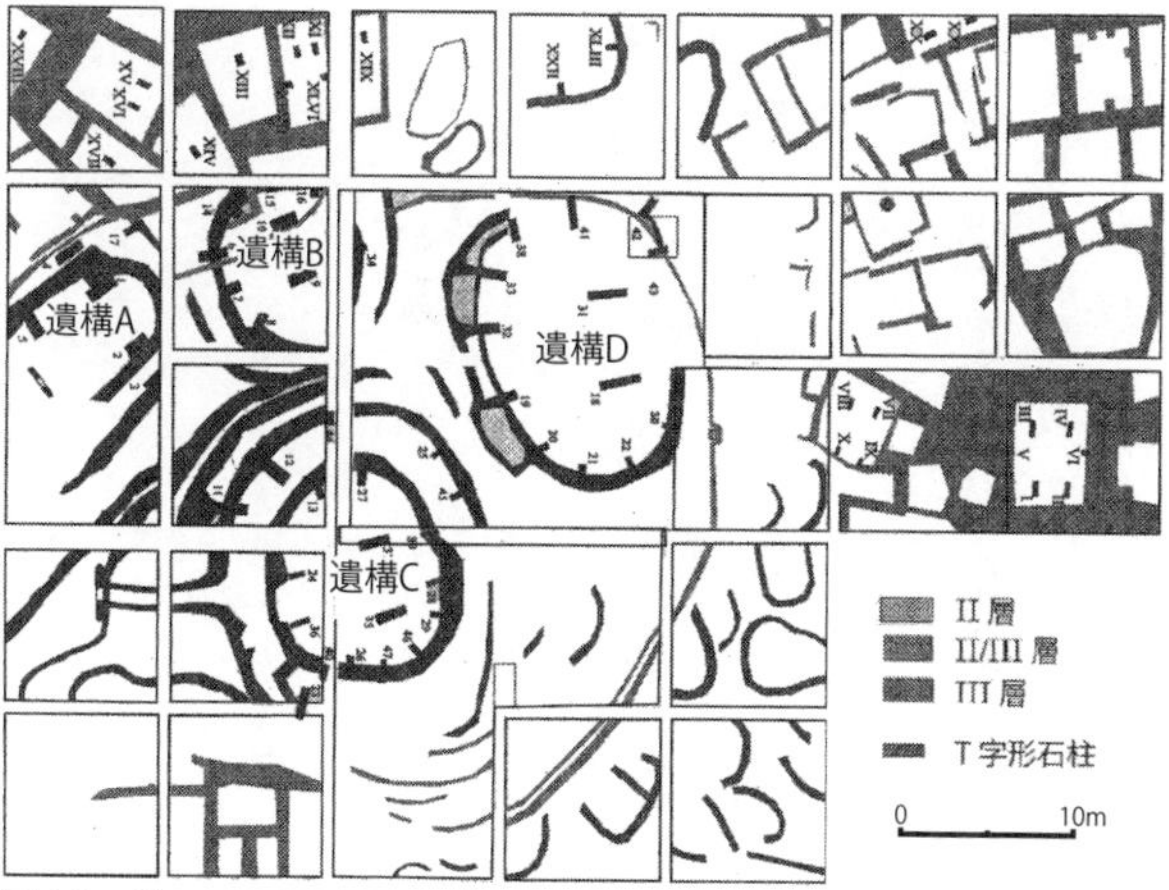

図13　ギョベックリ・テペ遺跡から検出された遺構A〜D

12）。実際に現地を訪れた下釜和也《しもがまかずや》によれば、その床面は天然の石灰岩岩盤を掘り抜いて整形されたものであるという（下釜二〇二〇）。これらの規模は新石器時代以後に発達する大規模記念物に匹敵するし、石柱のサイズは巨石（メガリス）と呼ぶのにふさわしいものといえる。

本遺跡で検出された石柱群はいずれも石灰岩製で、それらの表面にはヘビやウシやライオン、ワシ、クモなどの動物・昆虫が浮き彫りにされている。レリーフは動物だけではなく、人物と推定される遺構もある。これはT字形の石柱そのものを人物に見立てたもので、中央にそびえる大石柱にのみ見られるものだ。上部が頭であると思われるが判然としない。

写真12　ギョベックリ・テペ遺跡の大型石柱群（下釜和也氏提供）

明らかなのは側面の手や、ふんどしのような表現だけである。石灰岩は比較的加工しやすい石材ではあるが、新石器時代が始まったばかりの頃、このような高度な石工技術がどのようにして生まれたのかについて定説はないようだ。

世界遺産の推薦書によれば、本遺跡は複数の地域集団によって共有された、新石器時代初期の祭祀センターだとされている。「祭祀」には葬制や共同体内祭祀が含まれるというが、この他にも様々な解釈があるようだ。「祭祀センター」とは他の地域や時代の記念物にも用いられる用語であるが、本遺跡で見つかったものは年代的に古く極めて特異と言えよう。

石柱に浮き彫りされた野生動物群について、それぞれの巨石遺構を築いた集団のトーテム・シンボルだったとする説や、葬送儀礼に関わる動物説などがある。また、T字形に加工した石柱については本資産の周囲の半径五〇キロメートル圏内にある複数の遺跡で見つかっている。これが共同で祭祀を執り行う範囲である可能性があるとされるが、その周囲にも石彫が出土した遺跡が広く分布しているようだ。

本資産の普遍的価値は、評価基準（ⅰ）（ⅱ）（ⅳ）によって説明されているが、狩猟採集民から農耕民への移り変わりの時期にあって、これほどに古く大規模で、かつ高度に発達した建築技術が用いられた巨石構造物は他に知られていない。

これらの価値の表現からも明らかであるように、本資産はある「文化」を代表する遺構としてではなく、先土器新石器時代の地域的特徴を、アナトリアという非農耕牧畜地帯から示す、特殊な記念物として位置付けられているようだ。もっとも本遺跡が調査されたのは比較的最近であり、この遺跡名を冠するような考古学的「文化」等が今後設定されていくことになるのかもしれない。

狩猟採集民によって作られた祭祀センターは極めて珍しく、時代の違いを無視していえば、北アメリカのポバティ・ポイント遺跡や「北海道・北東北の縄文遺跡群」の環状列石、周堤墓などが比較対象として挙げられる。しかし紀元前九〇〇〇年を超える古さの記念物は他になく、その意味では唯一無二の新石器時代の遺跡ということができよう。ただ、狩猟採集社会にあってなぜこのような施設が必要とされたのかという背景については、横断的な比較が可能だと思われる。

新石器時代の世界遺産

西アジアにおける新石器時代には、広い範囲で農耕牧畜が営まれた。同時に大規模集落や、ジェリコ遺跡のような都市遺跡も生まれた時期であり、「ナトゥーフ文化」期や先土器新石器時代に比べて、縄文遺跡群と比較可能な様相はあまり見られなくなる。

世界遺産一覧表に記載されている集落遺跡では、「肥沃な三日月地帯」の外側の、アナトリア平原南部に位置するチャタル・ヒュユク遺跡（トルコ、二〇一二年記載）が挙げられる。著名な考古学者であるイアン・ホダーによって発掘調査が行れたことでも知られている。

本遺跡は先土器新石器時代の後半期（PPNB期）から新石器時代および銅石器時代、つまり紀元前七四〇〇年から紀元前五二〇〇年にかけての集落遺跡である。本遺跡には二つのテル（遺丘）が見つかっている。

東側に所在するテルから新石器時代の集落遺跡が、西側のテルは紀元前六二〇〇年から紀元前五二〇〇年にかけてのもので、銅石器時代への居住の変化を示す。日乾レンガによって作られた集合住宅を幾層にもわたって積み上げた居住形態は、大きな人口規模を支えるためのものであったと考えられる。家の地下に設置された墓や頭骨を取り外す風習は、「ナトゥーフ文化」以来の祖先祭祀が続いていたことをうかがわせる。

東側のテルからは、精神文化を物語る宗教儀礼を描いた壁画やレリーフが発見されている。ウシ、ハゲワシ、ヒョウ、シカ、イノシシ、ライオン、クマなどの動物が描かれるほか、地母神像と呼ばれるテラコッタ（土偶）も出土している。壁に牝牛の頭骨を捧げる「祠堂《しどう》」と呼ばれる建物も発見されている。

本遺跡の普遍的価値は、長期間にわたる定住と大規模な集住によって支えられた、新石器文化的な生活様式そのものにあると整理された。普遍的価値を証明するための評価基準は（ii）（iii）（iv）であり、アナトリアの新石器時代を代表するとされている。強調されているのは平等社会が続いたと考えられる点だ。共同施設と考えられる建物以外に大型建物はほとんど報じられていないことから、他の新石器時代の大規模集落遺跡と比べて特徴的といえる。人口規模は「縄文文化」よりも大きいが、目立った階層化がみられない点は比較できるかもしれない。

本遺跡の推薦書では、ヨーロッパをはじめとした先史時代の世界遺産の多くは大規模記念物で、日常的な集落遺跡がほとんど登録されていないことが指摘されている。後述する

「アルプス周辺の杭上住居群」や「北海道・北東北の縄文遺跡群」のような集落を主体とする資産が世界遺産一覧表に記載されたことも同じように捉えられる。

4 ヨーロッパとの比較

†中石器時代・新石器時代と世界遺産

ヨーロッパにおける新石器時代の世界遺産は一六カ所を数えて最も多いが、その一方で中石器時代の世界遺産は知られていない。中石器時代とは、旧石器時代と新石器時代の間にある時代のことで、旧石器時代が終わり、農耕が始まる前までの移行的段階と捉えられている。この時代は紀元前八〇〇〇年～紀元前四〇〇〇年まで続くとされているが、いち早く農耕と牧畜が始まる南ヨーロッパでは早く終わり、北ヨーロッパでは最後まで残る(Bogucki and Crabtree 2004)。

中石器時代のうち古い段階は、西アジアにおける先土器新石器時代に相当する。また世界遺産に選ばれている新石器時代の遺跡の中には中石器時代の文化層を持つものも含まれるので、本時代が世界遺産一覧表から完全に漏れているわけではない。

ただ、中石器時代の「文化」を普遍的価値に置いている資産は今のところ見当たらない。ヨーロッパにおける中石器時代は狩猟採集民のいた時代であり、西アジアの「ナトゥーフ文化」とは異なる特徴を持つ。特に土器を持ち、貝塚を形成したスカンジナヴィア半島の「エルテベーレ文化」は、「縄文文化」と比較されてきた特徴的なものだ。地域「文化」の多様性を示す上でも、いくつかの中石器時代の遺跡が世界遺産に選ばれるのが望ましいが、暫定一覧表にもほぼ見当たらないので、すぐに増加する可能性は低いと考えられる。

二〇一九年一月、イギリスのケンブリッジ大学で開催された「縄文文化」と比較考古学をテーマとした国際シンポジウムにおいて、「エルテベーレ文化」の遺跡調査が進められていることを知った。縄文時代の中でもやはり貝塚が発達する地域に類似している。世界遺産にふさわしい保存条件を兼ね備えた資産が追加されることを期待したい。

中石器時代とは異なるものの、狩猟採集民の遺跡群が世界遺産一覧表に記載された事例として、「アシヴィスイットーニピサット、氷と海の間のイヌイトの狩場」（デンマーク、二〇一八年記載）が挙げられる。極地環境に近いグリーンランドに所在し、最古の年代が紀元前二五〇〇年に遡る「古イヌイット文化」を含んでいる。民族誌が記録されてきた景観も含むので、考古学的遺跡のみが世界遺産になったわけではないが、狩猟採集民が残した「文化」に普遍的価値が認められた事例といえるだろう。

ヨーロッパにおける最初の農耕牧畜民は、地中海沿岸において紀元前六五〇〇年頃に出現したとされている。西アジアのうちでもアナトリア地域からの影響が想定されており、以後段階的に農耕が拡散したと考えられているが、新石器時代の世界遺産の中には、農耕や牧畜を構成資産によって示す資産は含まれず、後半期の大規模集落、岩絵、もしくは巨石記念物が選ばれている。このうち巨石記念物と集落遺跡の代表的事例について本節で紹介することにしよう。

ところで、新石器時代に用いられた石材の原産地遺跡も世界遺産になっている。「スピエンヌの新石器時代の火打石の鉱山発掘地」（ベルギー、二〇〇〇年記載）と「クシェミオンキ――先史時代のストライプフリントの採掘地域」（ポーランド、二〇一九年記載）である。これらのような原産地遺跡は縄文遺跡群には含まれていないが、長野県など縄文時代にも存在するため、今後比較考古学的研究を進めていく価値があると思われる。

†巨石記念物の世界

ヨーロッパ世界における巨石記念物を構築する伝統は、紀元前五五〇〇年頃にスペインやポルトガルで始まった。その後ヨーロッパ各地に広がったことが確認されているが、早くから世界遺産に選ばれていたのは、最後に伝わったグループの一つのブリテン島（イギリス）の遺跡群である。一般にはストーンヘンジという名称で知られているが、世界遺産の正式名称としては「ストーンヘンジ、エーヴベリーと関連する遺跡群」（一九八六年記載）となる。

ストーンヘンジのような巨石記念物が早くから世界遺産に選ばれたのは、それらが新石器時代から青銅器時代にかけての精神世界や象徴的世界観を端的に示すためだろう。これらは単に石造構造物というだけではなく、「バロー」と呼ばれる土を盛り上げたマウンドや木造構造物をも伴っており、木・土と石の対比によって生と死の世界観を象徴していると解釈する研究者もいる。

これらは新石器時代以降の農耕民によって構築されたものであり、縄文遺跡群と比較するには新しい遺構ではないかと思われるかもしれない。しかし、本遺跡は古墳のように限られた有力者の墓というわけではなく、広い地域の社会集団が共同して作り上げた記念物であり、背景にある精神性や祭祀記念物としてのあり方は、縄文時代の狩猟採集民が作った記念物と比較することが可能かもしれない。古くはイギリス人のマンロー（Munro1911）、戦後は東京大学の駒井和愛《かずちか》（一九七三）によって、その巨石記念物としての特徴が縄文遺跡群にも含まれる大湯環状列石などと比較されている。本資産は世界遺産になった時期が古く、世界遺産の「顕著な普遍的価値」や考古学的「文化」という観点で比較するのは難しいが、その特徴を振り返っておくことは意味があると思われる。

なお巨石記念物では「アンテケラのドルメン遺跡」（スペイン、二〇一六年記載）も世界遺産になっているものの、特定個人の墓という色彩が強いドルメンは、日本列島では弥生時代以降の遺跡と比較するのにふさわしい。

ブリテン島における巨石記念物の構築は紀元前四〇〇〇年頃から始まったが、最初の段階は主に墓として用いられていたらしい。ストーンヘンジのような、巨大な立石を伴う巨石記念物は、紀元前三〇〇〇年紀前半から造営が始まったようだ。この時代はヨーロッパ全体で社会階層化が顕在化する段階であり、同時代に副葬品を伴う特定個人墓が盛んに作られていたことにも留意したい。

†ストーンヘンジはどのように作られたか

イギリスでは「ヘンジ」と総称される、高い土手とその内側の空堀（溝）を環状に巡らせた遺構のうち、ストーンヘンジは決して大きな部類のものではない。直径五〇〇メートルを超える最大規模のグループと比較すると、直径一一〇メートルほどの規模はむしろ小さい部類に相当する。しかし多様な遺構から構成される考古学的特徴から、ほかの遺跡と比べても際立った特徴を持っている。

ストーンヘンジは約一五〇〇年かけて構築された遺構である。ここでは、その構築プロセスをマローン（Malone2004）の記述にしたがって紹介してみよう（図14）。

第一段階は、紀元前三〇〇〇～二九〇〇年頃に相当する。全体が環状をなし、通路を伴うエンクロージャーと呼ばれる遺構が、内外に土手を伴って構築されている。内部にはオーブリー・ホールと呼ばれる土坑が五〇カ所以上巡っており、内部に礫《れき》が確認されることから、木の柱が建てられていた可能性がある。この段階には内部に構造物は確認されていない。

続く第二段階は、紀元前二五〇〇年頃まで五〇〇年間にわたって続く段階である。紀元前二五〇〇年頃、内部に地元で採取された砂岩（「サルセン石」）による板状の巨石と、ストーンヘンジから三〇〇キロメートル近く離れたプレセリ山地から運ばれた「ブルーストー

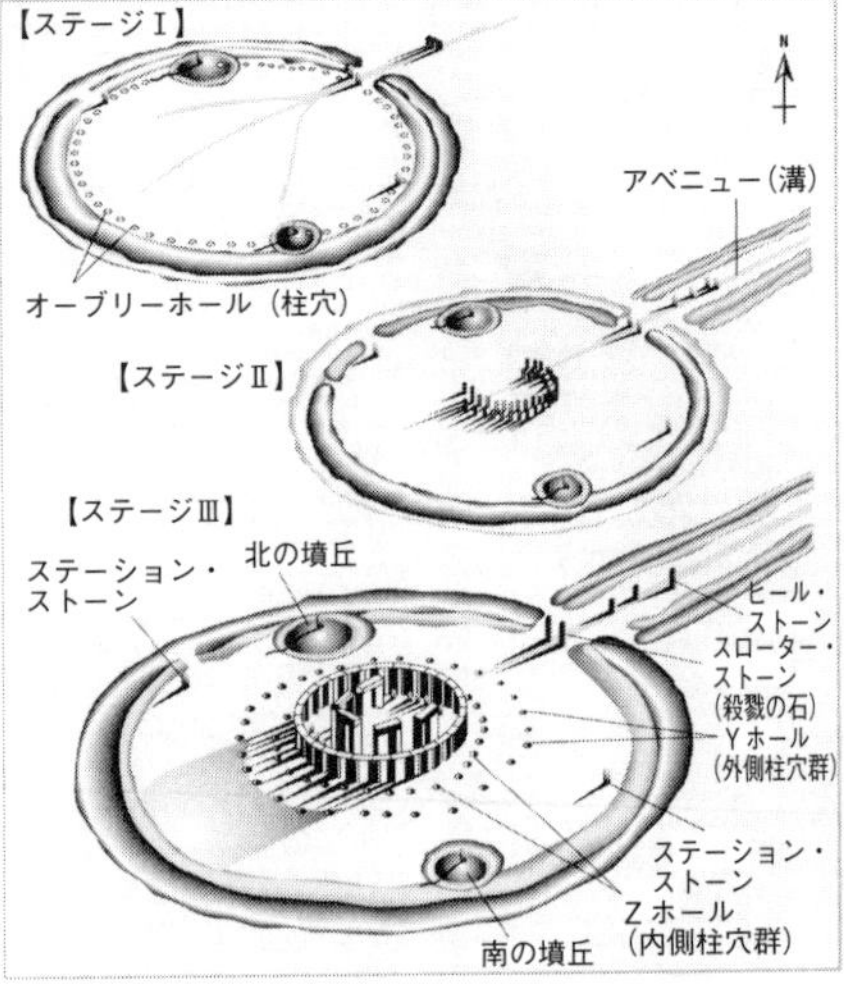

図14　ストーンヘンジの構築過程

ン」と呼ばれる玄武岩の巨石からなる、円形の石造構造物が作られる。ストーンヘンジの北東三キロメートルの地点に、ダーリントン・ウォールと呼ばれるヘンジ遺構と、木柱が円形に並ぶウッドヘンジが作られるのもこの時期である。

　第三段階は紀元前二五〇〇年〜一六〇〇年で、ストーンヘンジの内部に巨石記念物が完成する段階である（写真13）。この石造構造物の建て直し作業は一気に行われたわけではなく、五〇〇年近くかけて段階的になされたことが復元されている。この時期にストーンヘンジ北東隅に連絡する溝（アベニュー）が、東側に三キロメートルほど延伸される。この段階に金属器と墓を伴う「ベル・ビーカー」（第1章参照）がブリテン島にも伝播し、ストーンヘンジの構築に強い影響を及ぼしていることは注意される。周囲に五〇〇基もの墳丘墓が作られるためだ。

なおストーンヘンジにおいては、すぐ脇を通る自動車道が長年問題視されてきたが、二〇一三年に道路が撤去され、やや離れた場所にビジターセンターが作られた。これで景観の問題が解決されると思われたものの、二〇二〇年にストーンヘンジの資産範囲と緩衝地帯の地下を通る高速道路計画が政府に承認されたとのニュースが流れた。今後、「北海道・北東北の縄文遺跡群」の関連資産である鷲《わし》ノ木《き》遺跡（北海道森町）と同じ、考古学的景観の問題が取り沙汰される可能性がある。

写真13　ストーンヘンジの石造構造物（著者撮影）

ストーンヘンジと同じグループで世界遺産の構成資産になっているエーヴベリーのストーンサークルや、さらに別の世界遺産になっているリング・オブ・ブロッガーのような巨石記念物は、ストーンヘンジよりはやや遅れて紀元前三〇〇〇年紀の後半から造営が始められた遺跡である。

写真14　スカラ・ブレイ遺跡の地下式住居跡（ケイナー氏提供）

エーヴベリーはストーンヘンジほどの巨石構造物ではないものの、およそ同じ時代に作られた大規模記念物であり、直径約三四七メートルに及ぶヘンジ遺構内部に、直径三三一メートルのヨーロッパ最大級のストーンサークルを伴う。

また新石器時代の巨石記念物と集落遺跡の組み合わせという、縄文遺跡群の推薦のお手本と言える資産が、「オークニー諸島の新石器時代遺跡中心地」（イギリス、一九九九年記載）である。スコットランドのオークニー諸島に所在するこの資産は、集落遺跡のスカラ・ブレイ（写真14）や羨道墳《せんどうふん》のメイズハウとともに、環状列石のリング・オブ・ブロッガーと、巨大な立石群であるストーンズ・オブ・ステネスを構成資産としている。

本節で紹介したイギリスにおける二つの世界遺産は、新石器時代の遺跡である点、巨石記念物を普遍的価値の中心に置いている点で共通している。本島と島嶼部という立地環境の違いや、オークニー諸島の遺跡群の方が複数の構成資産からなっていることは確かだが、ほとんど同じ時期の、類似する複数の遺跡が世界遺産として認められている点に注目したい。

この点について、それぞれの資産の調査や管理を担当する専門家に意見を伺ったことがある。彼らの答えは、同じ新石器時代であってもあくまで遺跡の種類と「文化」の違いによって区別し、説明するとのことであった。確かにオークニー諸島の新石器時代にはブリテン島と異なる「文化」が設定されており、同じ新石器時代だからと言って同一視できない。このようなイギリスにおける「文化」の認識は、「縄文文化」と縄文遺跡群の関係性を考える上で参照すべき事例と言えるだろう。

†アルプス周辺における先史時代杭上住居群

巨石記念物などの誰の目にもわかりやすい文化遺産を含まず、水中や地下に埋蔵された集落遺跡のみで世界遺産登録を果たした事例が、「アルプス周辺における先史時代杭上住居群」である。

本資産は、スイス・フランス・ドイツ・イタリア・スロヴェニア・オーストリアの六カ国にまたがって分布し、構成資産（遺跡）が一一一にも及ぶシリアル・ノミネーションによる文化遺産である。

本資産は、アルプス山地周辺に発達した湖沼地帯の、水場周辺環境に適応した居住形態である杭上住居（pile dwelling）で構成されている。時代は紀元前五〇〇〇年から紀元後五世紀、つまり新石器時代から青銅器時代にかけてで、杭上住居跡《こうじょうじゅうきょ》、通路跡、柵跡などの建造物群や、豊富な有機質遺物を含む文化層から構成される考古学的遺跡群である。ヨーロッパにおける初期農耕民が残した特徴的な集落遺跡群として、二〇一一年に世界遺産一覧表に記載された。

杭上住居を持つ遺跡の特徴としては、建築部材である木杭が湖底に並んだ状態で見つかる点や、木製品など有機質遺物が保存されやすい点が挙げられる。湖底に残された杭に基づいて、湖沼地帯に適応した高床式の建物が復元されている（写真15）。なお日本考古学では、このような柱穴しか残らない建物を掘立柱建物跡と呼ぶことが多いが、本資産では多くの遺跡において、柱のみならず他の建築部材が保存されていることがあるため、上部構造まで復元されている。

遺跡から出土する木柱の保存状況がよい場合、木杭の年輪パターン分析によって年代を細かく決定する年輪年代学的分析が日本でも用いられているが、本資産においては最も手軽にできる年代決定法として定着している。本遺産を含む同一地域内の年輪サンプルを基礎資料として、確実なデータベースとそれに基づく木材の編年が作られており、さらに堆積状況のデータも加えることで、どの杭とどの杭が同じ住居の柱なのか、また同じ場所に何回建て替えられたのかなどについて、高精度に同定されている。

保存環境と調査分析技術両方の質のよさが、考古学的遺跡である本遺産の、最大の特徴かつ長所である。推薦書中ではこの点が世界遺産としての真実性の保持にも繋がると強調されていた。

写真15 「アルプス周辺の杭上住居跡群」に見られる青銅器時代の復元建物跡

湖沼地帯特有の居住形態である杭上住居群は、一九世紀後半に起こった干魃《かんばつ》によって露出し調査され、日本の考古学界にも既に明治末期から杭上住居もしくは湖上住居として紹介されていた。

ヨーロッパにおいても古くから様々な概説書に登場する遺跡群であったが、集落遺跡という遺跡の性質上、突出した大規模遺跡によって知られているわけではなかった。また長期間に及ぶ居住形態であるがゆえに、複数の考古学的「文化」にまたがってみられる、立地環境に適応した居住形態とされている。各時期の・地域の「文化」ごとに多様な物質文化が見られ、杭上住居の建築様式にも地域性があるが、それらを総体的に捉えて世界遺産に推薦されているのだ。

本資産の世界遺産への推薦は、特定の「文化」に紐づける方式ではなく、共通の居住形態をすべて数え上げる方式で進められた。まず六カ国にまたがり、合計一〇〇〇カ所以上ある杭上住居群のデータベースが作られた。都市に近いなど条件の悪い遺跡を除き、九七三カ所の遺跡が選定されたが、さらに推薦段階では、保存状態と遺跡・遺物の重要性に基づいて一五六カ所に絞られた。それらから構成資産の一一一遺跡に絞られたのは、①杭上住居と認定できる遺構があること、②遺構遺物を含む包含層が保全されていることの両方を満たすカテゴリーの遺跡に限定されたからだ。

この資産の「顕著な普遍的価値」のうち評価基準（iv）では、杭上住居跡群が示すヨーロッパにおける初期農耕社会のあり方が強調されている。新石器時代から青銅器時代まで、数千年間続いた居住形態である点に価値があるとされた。また評価基準（v）では、アルプス周辺の湖沼環境に適応した集落形態のあり方そのものが対象になっている。これらの住居跡周辺から出土する農耕や金属加工に関わる遺物は、新たな技術や気候変動にも対応した、環境適応のあり方を具体的に示すものとして提示されている。

本資産は他の考古学的遺跡とは異なり、「杭上住居跡」という共通した建築様式に基づいて推薦されている。新石器時代・青銅器時代の両方にわたり、かついくつもの考古学的「文化」をその内部に包摂することから、広い範囲に見られる要素を推薦の単位にした事例といえよう。

仮に東アジアの文脈に当てはめるならばどのような遺構が推薦対象になるだろうか。「縄文文化」と隣接地域の「新石器文化」群に共通して見られる「竪穴住居跡」という居住形態を対象にすると仮定すれば、日本のみならず韓国、中国、ロシアなどの地域が入ることになる。そのような単位での世界遺産への推薦は現実的に難しいが、居住形態という一般的要素であっても世界遺産に推薦できることを示す事例として捉えられる。

5　アメリカとの比較

†パレオ・インディアン期

北米の先史時代は、更新世のいずれかのタイミングにおいてモンゴロイド集団がアジア大陸から移住を果たしてから始まり、少なくとも数千年間は続いたと考えられる。紀元前一万年頃の「クローヴィス文化」やその後に後続する「フォルサム文化」など、特徴的な尖頭器石器群によって位置付けられる考古学的「文化」群は古くから知られていた。これらは先住民に直接つながる「文化」という意味で「パレオ・インディアン」と総称され、そのまま時代区分として用いられている（図10）。

さらに、海水面が下がった最終氷期にベーリング地峡（ベーリンジア）を越えてきた痕跡と考えられる遺跡群、いわゆるファースト・アメリカンの議論は今世紀になってから盛んになっており、縄文遺跡群の取り組みでも海外の専門家から度々話題に挙がっていた。

残念ながら、これまで「パレオ・インディアン」を推薦の単位とした世界遺産はないが、テーマ別研究「人類進化に関するアクションプラン：適応、拡散そして社会発展」においても取り上げられ、その効果もあってか南米の暫定遺産の中に上がるようになってきている。「フェルとパリアイク洞窟遺跡」（チリ）や「エル・ギガンテ岩陰」（ホンジュラス）はその例である。

†マウンド・ビルダー伝統と世界遺産

およそ紀元前八〇〇〇年頃から始まるアーカイック期と呼ばれる時代の中頃、アメリカ合衆国南東部のルイジアナ州およびその周辺で、「マウンドビルダー」と総称されるマウンドを造営する伝統が始まる。

最古の事例は紀元前三五〇〇年に遡るワトソン・ブレイク遺跡である。この後に続くマウンド群の中に、世界遺産やその候補になっているものが含まれる。これらのマウンドには墳丘も含まれるものの、そうでない盛土遺構もあり、墓として一括して扱うのは適切ではない。したがって以下ではマウンドと表現することにしよう。

アーカイック期後期に相当するポバティ・ポイント遺跡が、世界遺産に選ばれたマウンド遺跡の一つで、そのサイズは最大級といってもよいものだ。狩猟採集民によって築かれたと考えられる本遺跡は「ポバティ・ポイント文化」に属するものである。

アーカイック期の次に、紀元前一〇〇〇年頃から形成期（あるいはポスト・アーカイック期）という時代区分がなされている（図10）。北米東部では「マウンドビルダー」の伝統を引き継ぐ「ウッドランド文化グループ」が展開する。この時期は紀元前一〇〇〇年から紀元後一〇世紀以後まで続くもので、土器が広く普及し、農耕が発達した時期である。ウッドランド期の中期に含まれる「ホープウェル文化」（紀元前二〇〇年から紀元後四〇〇年）を代表するとされるのが、暫定遺産になっている「ホープウェル遺跡」である。

さらにウッドランド期後期の紀元後八〇〇年頃から始まる「ミシシッピ文化」も、「マウンドビルダー」の伝統を引き継ぐものである。首長制社会が発展したと考えられるこの「文化」を代表するとして推薦されたのが、世界遺産に選ばれた「カホキア遺跡」（一九八二年記載）である。紀元後九〇〇年から一一〇〇年頃まで続いた集落であり大規模なマウンドを持つ遺跡である。

これらの北米の諸「文化」をすべて「先史時代」と呼ぶべきかどうかは、研究者間でも議論が分かれる。北米・南米では「新石器文化」という用語が用いられていないため、どの時期までを「縄文文化」と比較可能と考えるべきかは難しい。「マウンドビルダー」に関しても、これまでに日本の考古学では主に「古墳文化」と比較する際に引き合いに出されてきたが、狩猟採集民によって作られた「ポバティ・ポイント文化」をどう扱うべきかは判断が分かれるだろう。

北米の考古学では、ある時期区分の中に複数の「文化」や「伝統」が併存するのが一般的である。個々の「文化」の地理的範囲は必ずしも広くないが、北アメリカの考古学ではいくつかをまとめた大きな単位としての「文化」もあるし、先後関係にある場合は「伝統」(tradition)と呼ばれる場合もあるので複雑である。

「マウンドビルダー」と呼ばれる長く続いた「伝統」から、二つの世界遺産と一つの暫定遺産が選ばれていることに注目しておきたい。これらの三つは確かに時期が異なるが、ごく限られた地理的範囲から選ばれている。今後世界遺産を目指している「ホープウェル遺跡」においては、「ホープウェル文化」をさらに細かく分けた単位を採用する予定のようだ。

考古学的「文化」が細かく分類されているという地域的特性が、世界遺産の推薦にうまく活かされている事例と言えるように思う。このような事例と比べると、「縄文文化」が包括的な概念であることに気付かされるのではないか。

†ポバティ・ポイント遺跡

狩猟採集民によって営まれた先史遺跡のうち、世界遺産に選ばれた二つの資産を紹介する。

一つ目はアメリカ合衆国のルイジアナ州に所在する「ポバティ・ポイントの記念碑的盛土構造物群」（二〇一四年記載）である。本資産はミシシッピ川がその下流域で形成した河岸段丘上にあり、対岸に広がる低地よりも七～九メートルほど高い微高地上に立地する（図15）。

本資産は、五基のマウンド、六重に連なるC字状を呈する土塁、中央広場、およびその他の自然地形をうまく利用して作られた遺構群からなる（写真16）。年代としてはアーカイック期の後半の「ポバティ・ポイント文化」期にあたり、紀元前一七〇〇年から一一〇〇年の間に相当する。

この時代には既に農耕が始まっているものの、本「文化」の範囲内では確認されていないことから、狩猟採集民によって構築された居住および儀礼の場として位置付けられている。総面積は一四〇ヘクタールに及ぶが、未調査区域を含めるともっと広がるようだ。

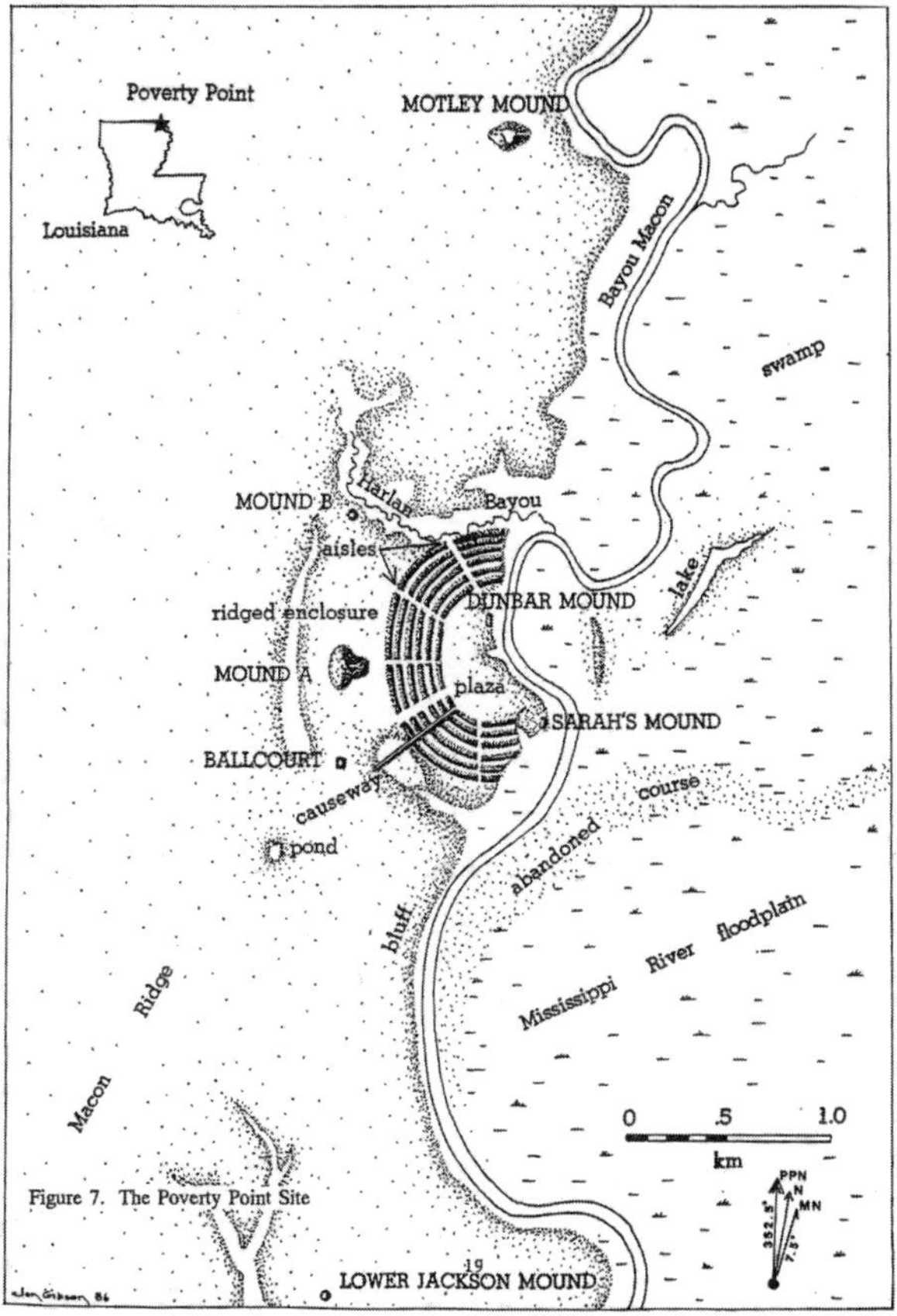

Figure 7. The Poverty Point Site

図15　ポバティ・ポイント遺跡と周辺地形

「マウンドビルダー」伝統の中でも古い段階のマウンド遺跡の一つということができるだろう。

この資産を最も特徴づけるのは、六重に連なる土塁遺構である。土塁は基本的に独立した遺構であり、高いところで一八五センチメートルにおよぶ規模を有する。北側には通路が、南側には土塁間を連絡する陸橋として機能した可能性が高い土手道が付けられている。土塁そのものの幅は一五〜二五メートルで、一番外側の土塁の長さは一・二キロメートルに及ぶものだ。これらのサイズももちろん重要だが、狩猟採集民が築造したと考えられる点が、世界遺産としての普遍的価値を構成する上で極めて重要とされている。この条件によって、類似資産を絞ることができる。

写真16　ポバティ・ポイント遺跡の空撮写真（グリーンリー氏提供）

本資産を世界遺産に推薦するにあたって適用された「顕著な普遍的価値」の評価基準は（iii）で、「ポバティ・ポイント文化」を代表する遺跡という位置付けがなされている。この「文化」はミシシッピ川下流域を中心に分布しており、現在のルイジアナ州よりも狭い範囲であることに注目したい。

二つ目は第2章でも言及した、「パリナコータ州におけるチンチョーロ文化の集落と人工ミイラの製法」（二〇二一年記載）である。アンデス地域の先土器時代のうちチリに広がる「チンチョーロ文化」（紀元前六千年紀〜一千年紀）を代表するものとされている。ミイラを伴う墓地遺跡が主体を占めるが貝塚遺跡も構成資産としているため、漁撈民によって残されたものと考えられる。やはり評価基準（iii）が用いられ、特定の「文化」を代表するとされたことに注意しておきたい。

6　東アジアとの比較

†東アジアおよび東北アジアの概要

本章の最後に、東アジアにおける「新石器文化」を世界遺産の観点から論じ、「縄文文化」および「北海道・北東北の縄文遺跡群」と比較するための手がかりを得ることにしたい。

東アジアの新石器時代は、イネをはじめとした農業が最も早く始まり、土器・磨製石器が揃う黄河・長江流域と、アワ・キビ農耕を行った中国北部の二つに分けられる。確実な農耕の始まりの時期を比べると、前者が紀元前六〇〇〇年前後であるのに対して、後者は紀元前五〇〇〇年頃である。さらに後者の雑穀農耕は、紀元前三三〇〇年頃に沿海州南部や朝鮮半島、日本列島へと伝わっていく（宮本二〇一七）。

黄河・長江流域では、いち早く西アジアやヨーロッパと類似した「新石器文化」的様相が揃うのに対して、華北より東側にはそのような様相はなかなか確立せず、新石器時代後半期まで待たなければならない。

極東ロシアのアムール河流域ではもっと農耕の痕跡は薄くなることから、このような地域では「土器の出現」によって新石器時代が定義されている。土器の出現時期が紀元前一万年を遡るのは、まさにこのような地域である。「縄文文化」が展開する日本列島も、この条件に合致する事例といえるだろう。

ところで東アジアにおける新石器時代の世界遺産は、縄文遺跡群を除くと、長江下流域における新石器時代後半期の「良渚古城遺跡《りょうしょこじょう》」（二〇一九年記載）のみである。暫定遺産も一件のみで、東北部における新石器時代後半期の「紅山《こうざん》文化遺跡群：牛河梁《ぎゅうがりょう》遺跡、紅山後遺跡、魏家窩鋪《ぎかかほ》遺跡」がそれに該当する。

中国における新石器時代前半期の諸「文化」はもちろん、土器出現期の遺跡など、本地域の「新石器文化」の多様性を表す遺跡は様々な可能性が考えられる。韓国の岩寺洞《アムサドン》遺跡など、著名な集落遺跡が世界遺産を目指す動きもあると聞くので、まずは暫定遺産に追加され、比較研究が進められていくことが望ましい。

新石器時代の歴史的展開の中で「良渚古城遺跡」と「紅山文化遺跡群」は、それぞれ全く別の歴史的展開の中で形成された「文化」だと言える。

†良渚古城遺跡

まず、「良渚古城遺跡」が所在する長江下流域の「新石器文化」について紹介しよう。

本地域では紀元前五〇〇〇年に遡る「河姆渡《かぼと》文化」が、水田遺構や豊富な有機質遺物によって古くから知られていたが、今世紀に入ってから紀元前九〇〇〇年から六六〇〇年に及ぶ「上山文化」や次段階の「跨湖橋《こここきよう》文化」など、古い新石器時代の文化が見つかるようになった。稲作の開始をどのように定義するかは難しい問題だが、確実に稲作農耕が行われていたのは「跨湖橋文化」とされている（中村・劉編二〇二〇）。

稲作農耕文化形成の流れの中で、紀元前三三〇〇年～二三〇〇年にかけて成立したのが、浙江《せっこう》省の省都杭州《こうしゅう》市の余杭《よこう》区に所在する世界遺産「良渚古城遺跡」である。

この資産が所在する地域には、東西約一一・五キロメートル、南北約七キロメートルに及ぶ良渚遺跡群が所在しており、「莫角山《ばつかくさん》周辺遺跡群」「大遮山《だいしゃざん》南麓遺跡群」および「荀《じゅん》山《ざん》周辺遺跡群」の三つに分けられる（中村二〇一四）。世界遺産の指定面積は合計で約一四平方キロメートルに達するというから、西アジアなどに見られる都市遺跡に匹敵する、莫大な指定面積といえるだろう。

中心をなす「莫角山周辺遺跡群」、つまり推薦書にある「都市部」の中心にある巨大囲壁は、南北一・八～一・九キロメートル、東西一・五～一・七キロメートルで面積は二・九平方キロメートルに及ぶものだ。その内外には環濠《かんごう》が掘削されており、河川や運河と連結することで外部に繋げられている。さらに構成資産には水源地に近いダム湖と、堤防に当たる土塁状の遺構「塘山」が含まれており、巨大な水利システムを形成していたと考えられている。まさに水上都市というべき複合施設を作り出しているのだ。

この資産は新石器時代後期に該当する遺跡ではあるが、その実態はまさに「都市遺跡」というべき内容であり、背景には初期国家の成立を想定せざるを得ない。ユネスコに提出された推薦書では、顕著な普遍的価値の項目で「良渚文化」が稲作農耕を経済の基盤としながら、初期国家段階まで発達を遂げた「文化」であることが強調されている。本資産は縄文遺跡群というよりも、弥生・古墳時代と比較すべき資産と言えよう。

†紅山文化遺跡群

稲作農耕が卓越し、都市の形成にまで及ぶ地域に対して、東アジアではまったく別の歴史的展開が見られる。農耕の影響が少ないか、あるいはまったく見られない地域が含まれるのである。

一万年を超える古さの「土器文化」は、アムール川下流域の「オシポフカ文化」の土器などが見られる。これらが「極東平底土器」の最も古いグループに位置づけられ、「縄文文化」では草創期の土器群と比較されるものだ。ただこの時期には、仙人洞遺跡・南荘頭遺跡など中国南部でも同じくらい古い丸底の「土器文化」があることに注意する必要がある。大貫静夫（二〇一〇）によれば、この段階から北方が狩猟採集であるのに対して、より南方では植物加工具の発達が見られるという。

その後の「極東平底土器諸文化」は、緩やかな地域性を保ちながら展開する。古・中・

新の三段階に分ける案に従って簡単に紹介しよう（図16）。

今から七、八〇〇〇年前の縄文早期に併行する古段階には、中国東北部で大規模な環濠集落を持つ「興隆窪《こうりゅうわ》文化」が栄えたが、アムール川下流域を中心とする地域では編目状の文様が特徴的な、いわゆるアムール編目文土器を持つ諸「文化」が広がる。落葉広葉樹林の広がりに合わせて、竪穴住居跡に住む定着的な生活が始まる段階と考えられている。

その後の環日本海地域では南北で異なった展開を見せる。日本海に面した沿海地方では、漁撈を盛んに行って貝塚を残した「ボイスマン文化」をはさみ、少なくとも「ザイサノフカ文化」の段階には、アワ・キビなどの雑穀農耕が始まるとされている。植物遺体のほか、磨盤・磨棒と呼ばれる食物を磨り潰すための石器が出土し、集落規模も大きくなる。農耕主体の経済であるとはいえないものの、寒冷化・乾燥化に伴って中国東北部から初期農耕が受容されたことがわかる。

一方のアムール川流域は、新石器時代を通じて農耕的な要素が見られず、狩猟採集が長く続くことになる。このような地域であっても、「新石器文化」として分類されていることに着目したい。東アジアで「縄文文化」に類似する「新石器文化」を探すと、まさにこのあたりの地域に該当することがわかる。ただこれらは「縄文」のように一つの枠組みで捉えられておらず、多くの「文化」が設定されていることが違いといえよう。

中段階・新段階の中国東北部はどうであろうか。紀元前四〇〇〇～三〇〇〇年に、燕山

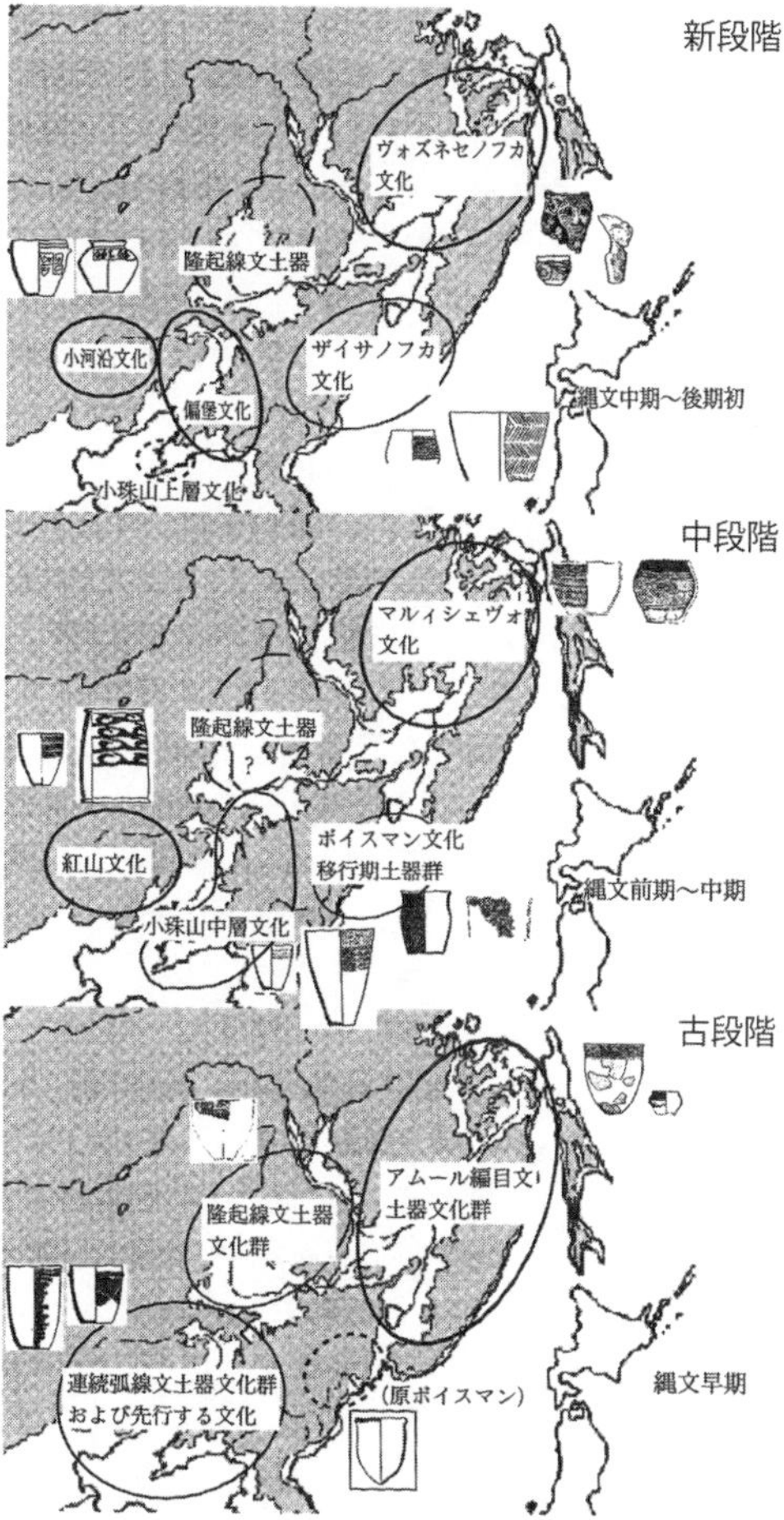

図16　極東平底土器の地域的展開と日本列島

以北、遼西の山地に分布していたのが、世界遺産の暫定遺産となっている「紅山文化遺跡群」を含む「紅山文化」である。この「文化」は華北地方との関係が深く、顔料で彩られた彩陶や発達した玉器を持つほか、農耕具として石庖丁、磨製石器、土掘具、石臼などが伴う。細石刃を伴うので狩猟採集文化としての側面も持っていたようだ。併行する「小珠山中層文化」では農耕やブタの飼育が明確になり、その後の新段階へと移行していくと考えられている。

「紅山文化遺跡群」は、牛河梁遺跡という祭祀遺跡と、紅山後遺跡・魏家窩鋪遺跡という二カ所の集落遺跡から構成されている。本資産は二〇一三年に暫定遺産として掲載されており、遼寧《りようねい》省内にある三つの構成資産からなるシリアル・ノミネーションの手法がとられることは確からしい。一つの考古学的「文化」内の代表的遺跡を構成資産とする方法は「良渚古城遺跡」と共通している。

最も調査が進んでいる牛河梁遺跡について紹介しよう。牛河梁遺跡は、女神廟、祭壇、積石塚などで構成される祭祀遺跡である。暫定遺産記載の際の記述によれば、五〇平方キロメートルの範囲内で居住のための施設は見つかっていないとされているが、集落遺跡の研究では文化圏内に広く分布しているようだ。

写真17　牛河梁遺跡の積石塚群（岩田安之氏提供）

積石塚は合計一四カ所見つかっているとの記載がある。刊行された報告書からわかる四つの地点ではいずれも丘陵の頂部に立地している（写真17）。周囲を切り石で築いて階段状を作り出し、その段に彩紋を持つ筒形の彩陶を並べるというものだ。墓内の副葬品にも明らかな格差があり、社会階層化が見てとれる。特に第五地点の大墓にはたくさんの玉器が副葬されており、縄文時代には見られない墓制といえよう。

第二地点では東西約一五〇メートル、南北約八〇メートルの範囲内に六基の祭壇が構築されている。中央に直径二二メートルの円形祭壇があり、その周りを積石塚が取り囲んでいる。さらに積石塚地点から約一キロメートル離れた地点にある女神廟地点では、長さ約一八メートルの細長い土坑から人物あるいは動物の塑像が多数見つかっており、祭祀用の建物だったと考えられている。

本遺跡群にどのような形で普遍的価値があると整理

されるかはわからないが、暫定遺産の段階では「紅山文化」に特徴的な祭祀の形態、特に多様な形での供犠《くぎ》（sacrifice）が強調されているようだ。農耕民の「文化」として描かれるのかどうかはともかく、社会階層化が進んだ特異な「新石器文化」として推薦されることになるのではないだろうか。

東北アジアの「新石器文化」群と比較すると、本資産はどちらかというと農耕を伴う地域に近く、狩猟採集民の遺跡群という側面は薄いと考えられる。本地域には土器出現期から幾つもの「文化」が現れるが、そのうちの一つを抽出した形であって、新石器時代全体を代表するという形はとっていない。

中国イコモスの関係者によれば、本資産では縄文遺跡群との比較研究を想定しているようだ。ただし「文化」を単位とする推薦の方法は、「縄文文化」全体よりも小さなものである。比較資産としてどの遺跡あるいは「文化」が選ばれるのか、また東北アジアの「新石器文化」の中で「縄文文化」がどう描かれるかに注目しておきたい。

第4章

縄文遺跡群と「縄文文化」

1　世界遺産と文化多様性

†本書の問い

本書は、「北海道・北東北の縄文遺跡群」が世界遺産一覧表に記載されたことを受けて、「縄文文化」像の描かれ方を問い直すことをテーマとしている。

第1章では、私たちが持つ「縄文文化」という概念が、いつどのように形作られたのかを振り返った。「縄文文化」という用語が一般の考古学で用いられる「文化」概念よりも大きく、複層性を持つ概念であることを指摘した。

第2章では、「北海道・北東北の縄文遺跡群」の世界遺産としての特徴を明らかにした。世界遺産一覧表には先史時代の遺跡が少ないばかりか、地下遺構を主体とする資産も少ない。この二つの条件を揃え、かつ狩猟採集民の時代を対象とした縄文遺跡群は、世界でもかなりマイナーなタイプの世界遺産だと論じた。

第3章では、他の先史時代の世界遺産と比較することで、縄文遺跡群の特徴を浮かび上がらせることを試みた。西アジアやヨーロッパなどの世界遺産が考古学的「文化」を単位として推薦されており、新石器時代一搬を代表することや、世界の中で突出していることを強調する事例はほとんどないと論じた。また、同じ「文化」などの単位から複数の世界遺産が推薦されているケースについても取り上げた。

「北海道・北東北の縄文遺跡群」の推薦書で描かれた特徴は、過去にほとんど類例がないものであったが、「縄文文化」の一部を世界遺産に推薦したことはごく一般的な方法であったと言えよう。世界遺産になった事例の多くが、「縄文文化」よりも時期的・地域的に限られた「文化」を単位として推薦されているためだ。

他国の事例を参考にすると、同じ時代であっても「文化」などの単位が異なっていれば、複数の遺跡が世界遺産に選ばれてもよいという理屈も成り立つことになる。このような推薦のかたちは日本の場合考えづらいという意見もあるだろうが、一つの国から複数の新石器遺跡が世界遺産として認められている事実は、冷静に受け止めなければならないだろう。

†「縄文文化」と普遍的価値

「縄文文化」が広範な概念であることは、これまでの縄文時代の研究が明らかにしてきたことだ。

一九八〇年代に刊行された縄文研究の入門シリーズが『縄文文化の研究』(雄山閣出版)であったのに対して、二〇〇〇年代のシリーズは『縄文時代の考古学』(同成社)であったことが極めて示唆的といえよう。一つの「文化」としての共通性よりも、時期や地域ごとの多様なあり方が議論されているのである。

一九九〇年代以降には、人類史の中に「縄文」を位置付けようとする比較考古学的研究が盛んになった。農耕・牧畜を主体とする「新石器文化」の従来的な定義に対して、世界には狩猟採集を主とした「新石器文化」も存在しており、「縄文文化」がそのうちの一つであることが明らかにされている。「森林性新石器文化」という日本列島独自の特性による名称も提案されている(今村一九九九)。

縄文時代の研究が従来の「縄文文化」像を見直し、その多様なあり方を明らかにしようとする方向性をとっているのにもかかわらず、その一部を世界遺産に推薦することがなぜ疑問視されていないのだろうか。まさにこの点こそが本書が主眼を置く問いなのである。

第1章に引用した文化審議会の資料に明記されているとおり、総体としての「縄文文化」が世界遺産に選ばれなかったことが原因の一つになっている。世界的に見て特殊な

「縄文文化」にこそ、「顕著な普遍的価値」が認められるべきだという考え方が、広く共有されているようだ。

第3章で取り扱った西アジアの先史遺跡でいえば、ギョベックリ・テペ遺跡それ自体ではなく、それが帰属する先土器新石器時代にこそ普遍的価値があるのだという考え方ということになろうか。あるいは個別の遺跡ではなく、「ナトゥーフ文化」にこそ普遍的価値があるという理屈になるのだろう。

海外の類例と比較することで、「縄文文化」が一般的な考古学的「文化」と呼ぶには広い概念であることや、時代の名称（縄文時代）と合致する特殊な用語でもあることが明らかになる。この点について、戦後間もなくから海外の研究者に指摘されてきたし、また時期・地域別の多様性が明らかにされている。しかしそのような議論は、世界遺産というフィルターの前で忘れ去られているように思われるのだ。

そこで、世界遺産という枠組みを支える文化の認識について考えてみよう。世界遺産に求められる普遍的価値と、日本国内で世界遺産に期待される価値とのあいだに見過ごせないギャップがあると思われるためだ。この違いにこそ、筆者の考える世界遺産というフィルターが浮かび上がる。

†ユネスコと文化

世界遺産とは世界遺産条約に基づいて、世界遺産一覧表に記載された物件（不動産）のことである。自然遺産、文化遺産、および複合遺産の三種類があり、これらを保護するための仕組みのことも指す。誰にとってもわかりやすい価値を有することと、しっかりとした体制で保護されることが求められる。

その証明を行うのが国連教育科学文化機関（ユネスコ）に提出する推薦書である。推薦しようとする遺跡や建造物などの資産が人類全体にとってなぜ重要なのか、それが示す普遍的価値とはどんなものなのかを、できる限り詳しく、しかしわかりやすい表現で記述することが求められる。推薦書は全世界に公表されるため、その読み手は文化遺産の専門家のみならず全世界の人々となる。本書もその多くを各資産の推薦書に拠っている。

本書では、先史時代の世界遺産の単位が、考古学的「文化」となっていることを明らかにしてきた。考古学で取り扱う「文化」とは、時代や地域で細かく区切られた網目のようなものである。特に近年推薦された資産では、それぞれの「文化」を代表するという説明がなされてきた。世界遺産としての普遍的価値を支える単位が、個々の「文化」とされている点を再確認しておきたい。

それではユネスコにとっての文化とは何であろうか。文化という言葉は様々な文脈で用いられており、考古学で取り扱われる「文化」はそのうちの一つに過ぎない。ユネスコは文化を所管する国連機関としては最大かつ唯一のものであるが、意外なことにその憲章では文化を定義していない。明確な定義がなされたのは二〇〇一年一一月に採択された、「ユネスコ文化的多様性に関する世界宣言」においてである。

本宣言の中で文化は、「特定の社会または社会集団に特有の、精神的、物質的、知的、感情的特徴をあわせたもの」であり、かつ「芸術・文学だけでなく、生活様式、共生の方法、価値観、伝統および信仰も含むもの」とされた（文部科学省仮訳より引用）。このような定義がなされた背景には、一九八二年の「文化政策に関するメキシコ・シティ宣言」以来、近代西欧起源の価値観である「唯一の文化（Culture）」観よりも、「複数の文化（cultures）」観が重視されていることが挙げられる（阿曽村二〇一〇）。

一つの絶対的価値の存在を前提とする文化観に対して、複数形の〝cultures〟という表現は、文化多様性へのパラダイム・シフトを反映していると理解されている。このような動きは、文化人類学やカルチュラル・スタディーズの分野で盛んであった文化多元主義を受けてのものである。一九九〇年代以降に文化遺産保護の分野で進められてきた、世界遺産一覧表の不均衡を是正しようとする動きは、世界のなかの多様な文化のあり方を認めようという戦略に則っているのだ。

以上のような背景をもとに、先史時代の世界遺産がどのように選ばれてきたのかを改めて考えてみよう。世界遺産条約が批准された初期の頃、ストーンヘンジなどの大規模記念物や、ラスコー洞窟をはじめとする芸術性に優れた岩絵など、世界的に知られた象徴的な遺跡のみが世界遺産になっていたのに対して、現在は実に様々な遺跡が記載されていることに気付かされる。

記念物性や芸術性に重きを置いていた近代の西欧主義的な価値観ではなく、世界の様々な「文化」を認めようとする判断基準の転換が背景にある。近年、個々の考古学的「文化」が推薦の単位とされていることは、この文脈のなかで理解する必要がある。地域色をもった「文化」を代表する、あるいは典型的に表すという論理によって、人類史の多様なあり方が表現されているということだろう。

「顕著な普遍的価値」が文化多様性の考え方に基づいている点こそが、今日の世界遺産を理解する上で重要である。世界遺産とは最上級の資産を選ぶためのものではなく、文化多様性を反映し、かつ一定の範囲内から代表的なものを選ぶという枠組みなのである。

ユネスコが文化多様性を重視している点について、ややもすれば世界遺産の総数を無闇に増加させているとして批判されるかもしれない。一つ言えることは、かつての文化観のままであれば、縄文遺跡群のような狩猟採集民が残した遺跡は世界遺産に選ばれなかっただろうということだ。今回の世界遺産一覧表への記載は、現代だからこそ成し遂げられたものなのである。

†多様な「新石器文化」像

文化観の変化が世界遺産に影響を及ぼした一方で、新石器時代の研究でも多様性がキーワードになっていることについても触れておこう。農耕と牧畜をセットにした「新石器文化」観はもはや一般的とは言えず、多様な「新石器文化」像が明らかにされている。

「新石器文化」概念そのものを問い直す研究は、古典的な「新石器文化」の定義がなされたヨーロッパで盛んに行われている。J・トーマス（Thomas1999）は、農耕が未発達な地域であっても大規模記念物や大型墓が出現する点から、農耕と牧畜を特徴とする「新石器文化複合」が必要条件ではないと論じた。トーマスの指摘は、農耕以前にアナトリア地域に出現した大規模記念物である、ギョベックリ・テペ遺跡にこそ当てはまるだろう。本遺跡は狩猟採集民によって築かれた新石器時代初頭の祭祀・儀礼の場であり、まだ農耕が未発達だったと考えられているためだ。農耕が始まったことが社会組織を発展させたとする従来的な新石器時代観は西アジアでも揺らいでおり、農耕より前に大規模記念物が登場する点を重視した研究が生まれている（三宅二〇一四）。

ヨーロッパでは農耕を伴う「新石器文化」が約二〇〇〇年間かけて各地に展開したと考えられている。J・ロブ（Robb2013）は、中石器時代的な「文化」が長く続く地域に着目し、新石器化するプロセスの中でも最後まで中石器的様相が見られると指摘している（図17）。農耕が段階的に受け入れられたのは確かだが、その中に狩猟採集民も共存するのがヨーロッパの新石器時代なのである。

同じような図式は東アジアでも見られる。早くから稲作農耕が発展した長江《ちょうこう》・黄河流域とは異なり、東北アジアの多くの地域では、長く本格的な農耕を持たない新石器時代が続いた。雑穀農耕が始まるのは後半期になってからであるし、アムール河口域などほとんど農耕の痕跡が見られない地域もあった。東北アジアの前半期の「新石器文化」にアワやヒエなどの雑穀が見られなかったわけではないが低調であったため、小規模な食料生産を特徴とする「新石器文化」と位置付けておくのが適切かもしれない。暫定遺産となっている中国東北部の「紅山文化遺跡群」も、新石器時代の多様性を示す遺跡として推薦される可能性もある。

このように見てくると、ヨーロッパ、西アジアおよび東アジアの「新石器文化」に共通性や普遍性を求めることと自体に無理があることに気付かされる。また「縄文文化」のように、狩猟採集民による「新石器文化」も例外視することは適切ではない。農耕以前に土器が出現することを、新石器時代の特徴と捉える研究も行われている（Zvelebil1998）。「縄文文化」を含めて、紀元前

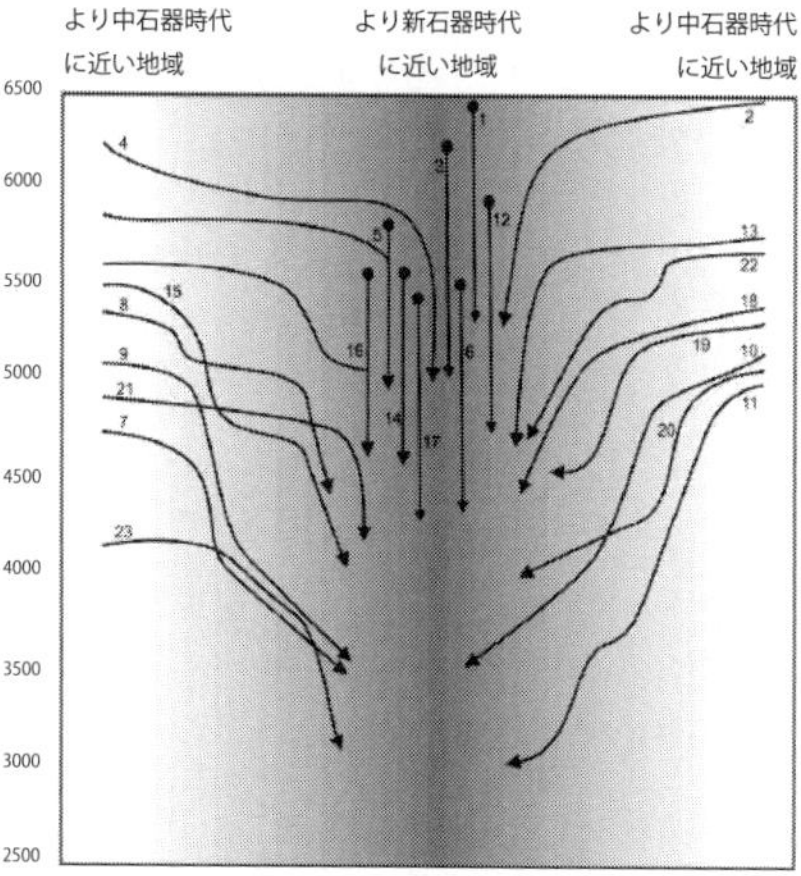

図17　ロブ（2013）によるヨーロッパ新石器社会の多様性

＊左端の数字は紀元前の年代を、各矢印に付された数字は原著論文（Robb2013）に所収された、ヨーロッパ新石器時代の地域を示す。いち早く狩猟採集の「中石器時代」から「新石器時代」に移行する地域がある一方で、新石器化が遅れる地域もあることと、その移行プロセスには地域差があることがわかる。

一万年を超えるような土器が東アジアの各地に分布することを受けてのものであろう。

ユーラシア大陸以外を見渡しても、農耕の起源にかつて想定されていたよりも多様な農耕起源があったことが定説化している（ベルウッド二〇〇八）。トウモロコシやバナナなど何らかの農耕が行われていたとしても、南北アメリカやオセアニアのようにそれを「新石器文化」や新石器時代と捉えていない地域もある。

現代の考古学では、一律的な「新石器文化」像が再考されるべき対象とされており、狩猟採集社会も含めた多様な姿が明らかになっている。新石器革命が起こり、農耕社会から都市へと発展するというチャイルド以来の図式ではない形で、人類の文化多様性を復元することが求められている。

このような潮流が文化多様性を前提としたユネスコの考え方と相通ずるところがあるのは偶然ではないだろう。教科書に掲載されるような、普遍的な「新石器文化」像を想定するという旧来のモデルではなく、多様性に重きを置くという点で共通しているためだ。

†縄文遺跡群に期待されたこと

ここまでの議論を踏まえて、縄文遺跡群の世界遺産登録に期待された役割とは何であったのかを振り返ってみよう。

先史時代の狩猟採集民による遺跡群で、かつ地下遺構を中心とするという、極めて稀な条件を揃えたのが縄文遺跡群の推薦であった。さらに西アジアやヨーロッパで農耕が始まる時代や、旧石器時代に相当するような古い遺跡を含み、一万年以上の継続期間を持つので、類似する資産は相当限られることになる。岩絵や祭祀遺跡のような特殊な遺構を中心的な資産とはせず、日常の暮らしの場である集落遺跡を価値の中心に据えたことも特徴的といえるだろう。

なぜ「北海道・北東北の縄文遺跡群」が世界遺産に選ばれたかという疑問に答えるならば、同様の条件で推薦された資産がこれまでになかったから、ということに尽きる。世界遺産一覧表に見られる不均衡を、少しでも解消することが期待されているのだ。今後、狩猟採集民による資産が推薦された際、他の類似資産と同じく、縄文遺跡群の推薦書が一つの基準となっていくだろう。

一方、日本国内ではどうだったのだろうか。二〇〇九年に国から暫定遺産として選ばれた際に期待されていたのは、日本の歴史のうち、少なくとも東日本の「縄文文化」を代表することであった。「我が国の縄文文化を説明していく上で不可欠と考えられる特徴的かつ遺存状況の良好な遺跡の代表例を資産に含める」（文化審議会「我が国の世界遺産暫定一覧表への文化資産の追加記載に係る調査・審議の結果について」）ことを国から要請されていたように、「縄文文化」を総体的に表すことが求められていたのだ。

繰り返し指摘してきたように、「縄文文化」は一つの考古学的「文化」として取り扱うには大き過ぎる概念である。そのような概念を単位として世界遺産に推薦された先史遺跡は、筆者の調べた限りほかに見当たらなかった。一方、「ナトゥーフ文化」や「マウンドビルダー伝統」のように、一つの概念から複数の資産が推薦された事例はあった。

まだ世界遺産になっていない暫定一覧表の中から類例を探せば、トンガ王国から共同推薦の提案がなされている「ラピタ土器文化遺跡群」が当てはまるかもしれない。「ラピタ文化複合」は、紀元前一三〇〇年頃から始まる、地域差や時期差を持つ幾つかのグループの総称である。「縄文文化」に比べれば短い存続期間であるが、特徴的な「土器文化」を共通項としている点は同じである。しかし複数の国にまたがるものであるし、しっかりと保護されているという条件を満たす構成資産の選択で苦労しているようだ。本資産が世界遺産になれば貴重な事例になり得るが、「ラピタ文化複合」のような概念をもとに世界遺産として推薦された事例はまだないのである。

「北海道・北東北の縄文遺跡群」に関して、もともと国内で期待されたような、「縄文文化」という大きな概念を単位として世界遺産にしようとすることと、ユネスコが求める文化多様性を表現することを両立させるのは難しいというのが筆者の理解である。

日本列島にしかない「縄文」を代表するという論理に従うならば、「縄文文化」の中にある地域差や「文化」同士の差が無視できるほど小さく、総体としての特殊性が優先されると先験的にみなしてしまうことになる。文化多様性に重きを置く世界遺産の考え方とは相容れないのではないだろうか。

さらに「縄文文化」を単相的に捉えるならば、農耕・牧畜を持つ典型的な「新石器文化」のみを比較対象として想定することになる。しかし世界にはそのような「新石器文化」のみならず、狩猟採集を続けた「文化」も少なからず存在していた。それにもかかわらず典型例との違いのみを求めるならば、新石器時代の多様性から目を背けることになりかねない。

2 「縄文文化」の複層性と多様性

†「縄文文化」の複層性

文化多様性を前提に置いたユネスコの考え方や、従来の「新石器文化」概念の再考が世界で進められていることを受けて、改めて問い直すことにしよう。「縄文文化」とはどのように捉えられ、また描かれるべきなのだろうか。

筆者は、従来言われてきた「縄文文化」全体としての特殊性を認めつつも同時にその複層性を表現するために、「時期や地域によって異なる文化の総体」（山田二〇一八）としてもとらえるべきだと理解している。ここでいう「文化」は「縄文文化」よりも小さな単位のことで、その分布範囲や時間幅などに特性が現れるものを指している。

本書の内容からすれば、もはや「縄文文化」を用いるべきではないのではないかという疑問を持たれるかもしれない。構成する小さな単位を「文化」と呼ぶのだとすれば、それらの総体をも「文化」と呼称するのは混乱を招くのではないかと。

しかし筆者は、比較考古学を行うための単位である「縄文文化」は、引き続き残すべきだと考える。世界的に見れば旧石器時代にあたるような古い段階から、土器や磨製石器を持ち、一万年以上にわたって定着的な生活様式を続けた狩猟採集文化である「縄文」は、日本列島という環境に適応した特殊な「先史文化」とされているためだ。「縄文文化」は、弥生時代以降と対照的に用いられる用語でもある。藤本強《つよし》は「縄文文化」について「南と北、東と西では差がみられるし、時代も長期にわたり、社会の成熟度も異なる」ことを認めつつも、巨視的に見て「ある種の一様性」が見られるとする（藤本一九八八）。ここでいう一様性とは、金属器・農耕の受容と社会階層化によって大きな地域差が生まれる弥生時代と比べての表現であることに留意したい。

また、「文化」という用語は広い意味で用いられるので、日本語としてはそのままで大きな不都合はない。社会科や歴史の教科書などを通じて既に社会に普及しているという事情もある。

ただ、それを世界に向けて発信する際には、他地域の先史時代と比較できるような学術用語を用いてその複層性を表現すべきである。本書では「縄文文化」の複層性を表現するための用語が未整備であることを指摘してきた。それを海外の研究に倣って「伝統」や

「複合」と表現すべきかどうかはさらなる議論が必要だろうが、少なくとも〝Jomon culture〟という訳語のままではその実態を的確に表現できていないように思われる。

　他方、「縄文文化」の各時期に見られる多様な姿は、世界でも稀なほど高い発掘調査の密度に支えられて明らかにされてきた。その調査密度を活かして、特に関東地方における縄文中期の土器については、型式学的研究と放射性炭素年代が組み合わされて高精度な編年が行われている。ある型式の土器が出土した遺跡を数え上げることで、その分布圏を細かく把握することも可能となっている。

　図18に示した「円筒土器文化」の事例で言うと、縄文土器の型式名称をつけた「文化」と呼ぶべきか、それとも隣り合う地域の土器型式をまとめたグループ（「土器様式」「文化圏」あるいは「領域」）とされるべきなのかは、研究目的によって異なるといえよう。またこのような「文化」を設定する際には、土器以外の道具も考慮に入れなければならない。様々な遺物の分布範囲を重ね合わせることで、土器研究から想定されていたものとは異なる領域が復元されることもあり得る。

　世界遺産登録は「縄文文化」の複層性・多様性を世界に示す絶好の機会であった。「北海道・北東北の縄文遺跡群」の推薦書では、世界各地の資産とどこが異なるのかについて比較研究が行われ、第1章で紹介した「地域文化圏」が推薦の単位となった。「地域文化圏」の妥当性はともかく、結果としてユネスコの諮問機関であるイコモスには、「縄文文化」と縄文遺跡群の関係性がうまく伝わらなかったように思われる。「なぜ一つの地域のみを世界遺産にするのか」という意見も引き続き寄せられた。そこで筆者は推薦書を改めて見直し、以下の二点を指摘することにしたい。

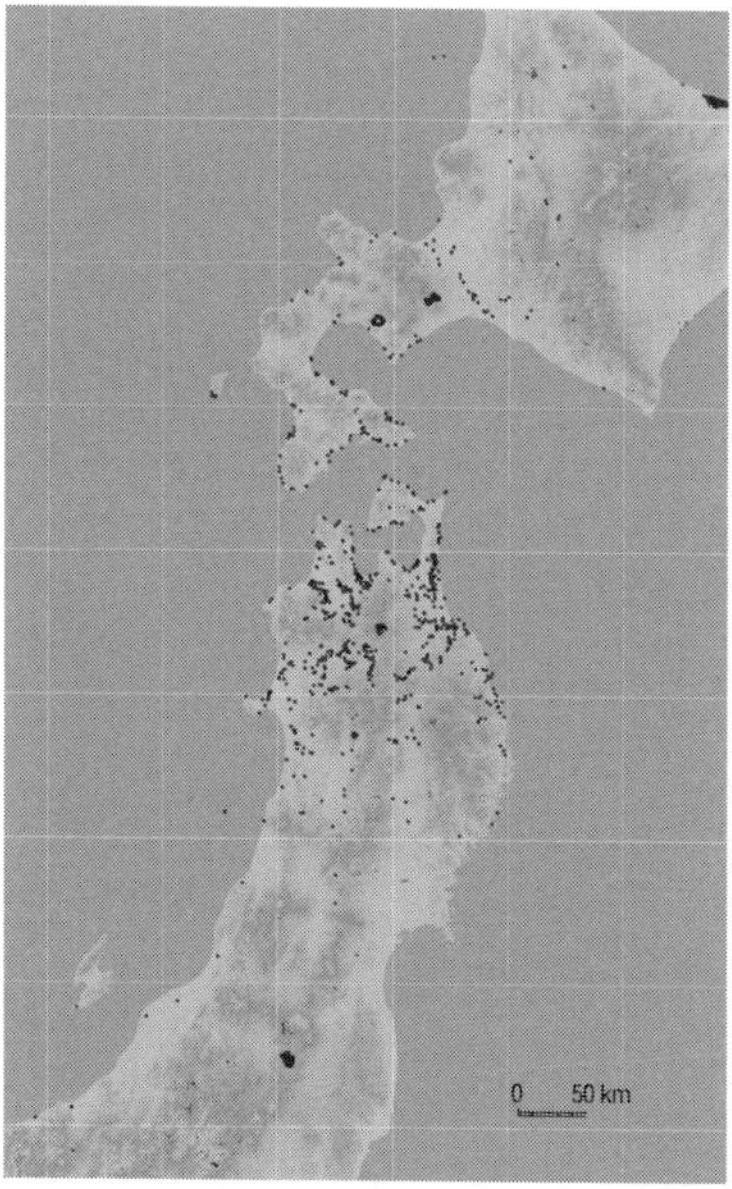

図18　円筒下層・上層式土器文化の遺跡分布図

第一に、「縄文文化」そのものを世界遺産に推薦しようとはしていないことを明記すべきであった。その「顕著な普遍的価値」を「農耕以前」の定住のあり方や精神文化としているため、「縄文文化」全体に当てはまると解釈されても不思議ではない。構成資産に最も古い土器の時代から最後の段階までを含むのだから、ある程度一般的な特性を価値の要件にせざるを得なかったという事情もある。しかしだからこそ、総体としての「縄文文化」とは異なるものだと説明すべきであった。

第二に、世界の先史時代で用いられている考古学的「文化」にスケールの違いがあることを明示した上で、比較研究を行うべきであった。「文化」という単語には時間的・空間的な違いがあることを、考古学者以外に知る人はほとんどいないと思われるためである。多くの先史遺跡では個別の「文化」をその単位として推薦が行われているが、「縄文文化」は同様の単位として用いるには大きな概念であることが重要なのだ。その際、西アジアの「ナトゥーフ文化」や北アメリカの「マウンドビルダー伝統」のように、同じ単位から複数の世界遺産が選ばれた事例を参照することもできたはずである。

また中国や極東ロシアなど、日本列島に近い地域での「文化」の範囲は、縄文時代の土器様式や型式あたりの単位に相当するものだから、比較対象としては「文化」群でなければならなかったはずである。「地域文化圏」はそのために用意した概念であったが、その対象を資産（遺跡）のみに限ったために、推薦書の読み手からすれば次元の違うもの同士を比べたように映ったかもしれない。

†「縄文文化」の多様性

「縄文文化」の複層性にアプローチするためには、土器編年などこれまでの研究の積み重ねを背景として、かつて小林達雄が設定した「文化」領域がどのように形成され、また変化したのかを検証する必要がある。一体的なものとして描かれがちな「縄文文化」の中にどのような「文化」を設定できるかを、様々な材料を用いて検討すべきだろう。中でも縄文時代前期から中期、中期から後期のように移り変わる時期（移行期）が重要なのは、遠隔地への動きなど「文化」領域の変動する様子が先行研究によって明らかにされているためだ。

また、地域的な多様性を把握するために、一万年を超える長い時間軸の中で地域同士を比較することも重要だ。マクロスケールの分析には量的な示標が望ましいので、ここでは竪穴住居跡数の変化を見てみよう。図19は土器型式ごとの竪穴住居跡数を集計し、一〇〇年あたりの軒数に換算したグラフである。今村啓爾《けいじ》の研究（一九九七）によって、西南関東（東京、神奈川、埼玉）では縄文時代中期後半（加曽利EⅡ式期）にピークを迎え、中期末から後期のはじまりに急激に減少し、晩期にほとんど見られなくなるという変動を描くこと

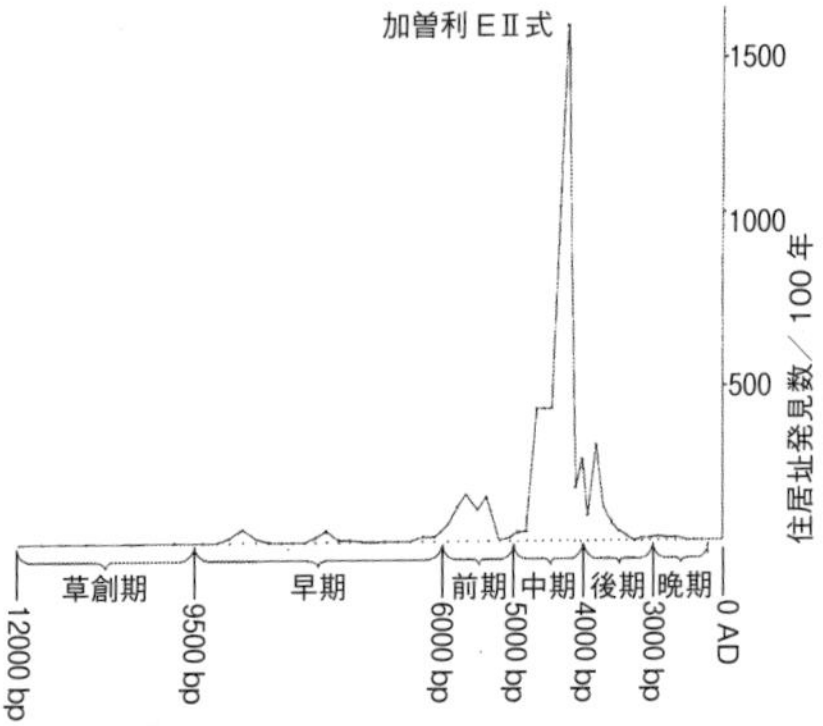

図19　南西関東における竪穴住居跡数の変化

がわかっている。これは一九九〇年代の集計であり現在は類例がもっと増加しているが、中期の後半に極端なピークを迎えるという傾向に変わりはないと思われる。

筆者が二〇一五年までに集計した東北北部（青森県）の傾向と比べてみよう。青森県は「北海道・北東北の縄文遺跡群」の中心となった地域だが、都市部に比べて大規模開発の数が圧倒的に少ないために、把握されている遺跡数も竪穴住居跡の数もかなり少ない。遺跡の発掘調査は開発に伴って行われることがほとんどであるため、開発数が少なければ把握される遺跡の数も限られることになる。著名な三内丸山遺跡であっても、野球場建設というイレギュラーな事態が起こらなければ大規模な発掘調査は行われなかっただろう。したがって、首都圏で開発数も多い西南関東と比較できるのは、総数ではなくあくまで変化の傾向であることに注意してほしい。

図20も一〇〇年あたりの軒数を数えた結果だが、各時期をそれぞれ三段階に分ける案のもので図19よりもややスケールが粗いものだ。縄文時代中期後葉（円筒上層d・e式期）にピークが来るという全体の傾向は共通するものの、①〜③の違いを指摘できる。

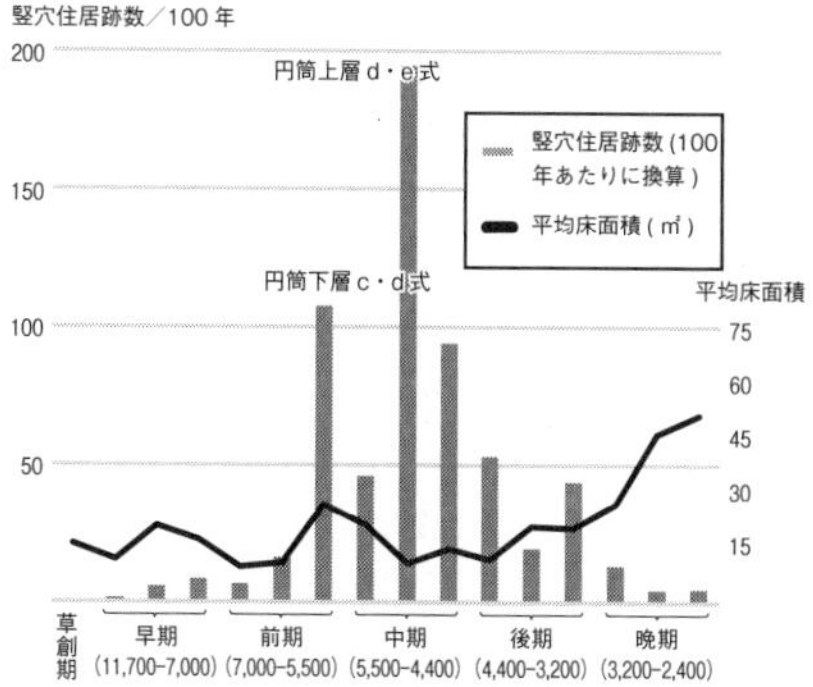

図20　東北北部における竪穴住居跡数と床面積の変化

①前期後葉（円筒下層c・d式）における竪穴住居跡数の増加

三内丸山遺跡をはじめとした遺跡が大規模化し、拠点集落が営まれ始める時期にあたる。住居そのもののサイズが大型化するのも特徴といえるだろう。この時期に西南関東や中部高地でもごく小さなピークがあるものの、青森県や東北北部で見られるほどの割合ではないので、「円筒土器文化」圏の特徴と考えられる。集落配置が環状構造ではなく、列状をなす大規模集落が成立することも関係するかもしれない（北の縄文研究会編二〇一二）。もっとも、円筒下層d2式期から住居跡数が減り始め、中期初頭にも減少するのは西南関東と共通する。

②中期後葉から後期前葉への減少傾向が小さいこと

全世界で気候が寒冷化する時期の一つに相当し（四・二kイベントと呼ばれる）、関東や中部高地では竪穴住居跡数や遺跡数が激減するとされている。東北北部でも「円筒土器文化」の終わりに住居跡数・遺跡数ともに半分程度まで減ってしまうのだが、東北南部の大《だい》木《ぎ》式の影響が強まる中期末葉から環状列石が営まれる後期前葉まで、関東ほどの減少が見られない。

竪穴住居跡の存在は集落遺跡の発掘調査なしには確かめられないので、すべての遺跡を『青森県遺跡地図』を用いて数え上げると、後期が最大となる点が注目される（関根二〇一四）。これまでに大規模な発掘調査が行われていない遺跡であっても、後期前葉の十腰内《とこしない》I式土器が出土もしくは採集されているため、遺跡数が中期よりも多くなっていると思われる。

このような後期前葉のピークは、中期までとは異なり、祭祀センターである大規模環状列石を中心とする分散居住システムが採られた結果だとみなされている。筆者もこれには異論がないものの、後期前葉の遺跡数が最も多くなるという地域的特徴を説明しきれていないように思う。この段階以後に増加する平地式住居跡も考慮すると、竪穴住居跡数から想定されているよりも人口規模が減らなかった可能性もあるのではないだろうか。他地域からの人口流入も考慮した方がよいだろう。

③後期後葉から晩期の特殊さ

後期および晩期が、中期に比べて減少傾向にあるという点は西南関東とも共通するが、相対的に見て減少幅が小さかった可能性がある。竪穴住居跡数は後期後葉に再び増加したり、晩期には小型・大型住居跡の極端な差が生まれ、円形の大型住居跡に集住する特殊な居住システムが発達するなど、独特な特徴がみられる。なお晩期中葉・後葉の住居跡が著しく大型化したように見えるが、検出事例の少なさを反映していることに注意されたい。

＊

①〜③の違いは「縄文文化」内の地域差とみるには大きなものなので、「文化」領域の差異だと捉えることも可能であろう。西南関東と北東北の違いは、放射性炭素年代測定値を統計的に処理することで人口変動を推定した、クレーマらの研究でも指摘されているた

めだ（Crema et al. 2016）。この研究では、青森だけでなく北海道の縄文時代においても、縄文中期から後期にかけて大きな減少が捉えられていない点も注目される。現在クレーマらは、縄文から弥生への移行も量的に捉え直すプロジェクトを行っており、今後の研究成果が期待される。北海道・東北北部という地域はかつて指摘されていたように（山田一九九〇）、縄文時代後半期に本州中央部ほどの人口減少が見られなかった「文化」領域とみなすことが可能なのではないだろうか。

竪穴住居跡の数などのデータ集成を必要とする量的研究は、調査研究の進展によって結論が変わり得るものだ。今後別の傾向が抽出されることもあり得るし、逆に東日本全域の共通性が見えてくるかもしれない。重要なのは、日本列島全域に見られる「縄文文化」を所与の単位として捉えず、その中に見られる違いが何を示しているのか解釈し、議論を続けることであろう。

3 「北海道・北東北の縄文遺跡群」

†「津軽海峡文化圏」

縄文時代の多様性を捉えるためのケーススタディとして、今回世界文化遺産に選ばれた北海道南部から東北北部という地域の特性を描き直してみよう。「顕著な普遍的価値」の基準に「地域文化圏」そのものを据えることで、一般に言われる縄文時代像とどのように異なるのかを考えてみたい。すなわち、先史時代から現代まで陸地として繋がらなかった津軽海峡を間に挟み、一万年以上にわたって地域間関係が維持されたことを示す点を重視する。

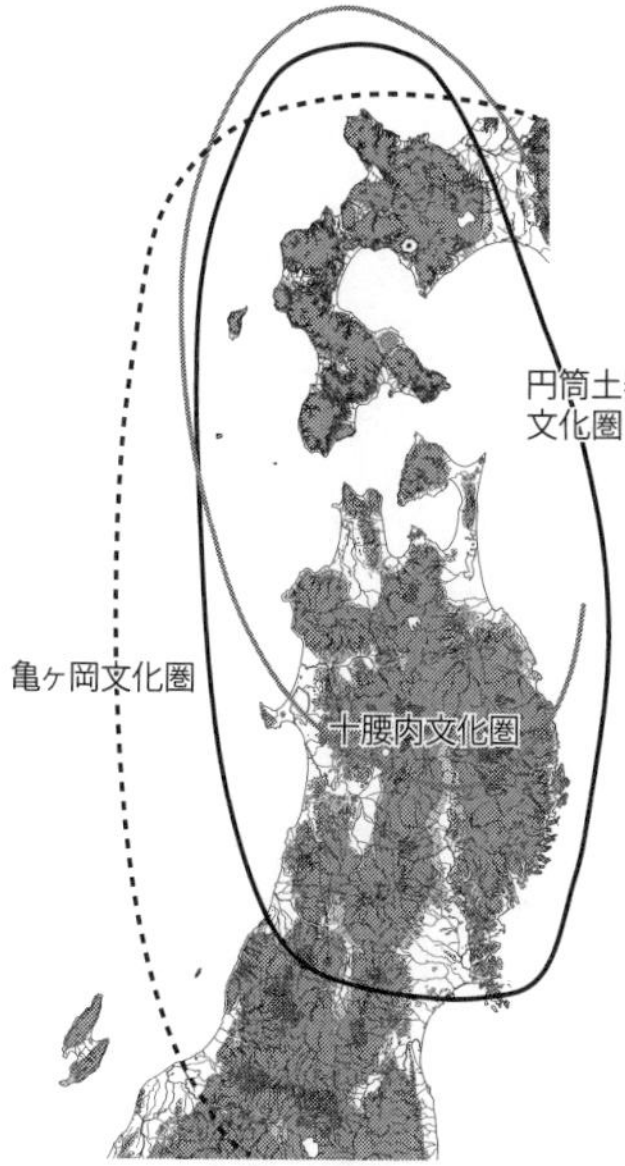

図 21　縄文時代における津軽海峡文化圏

津軽海峡の幅は狭いが最も浅い箇所で一三〇メートル、最深部で四五〇メートルと深く、海抜が今より一二〇メートル以上下がった旧石器時代から人類にとっての障害であった。しかし、北海道島から本州島へと動く石器群を見れば、古い時代から渡海が行われていたのは確実である。津軽海峡を越えた文化圏の本格的形成は、気候温暖化がピークを迎える縄文早期中頃である。これ以後に各時代で異なる文化圏が成立するも、そのいずれもが海峡を越えて広がり（図21）、目立った途切れは確認できない。このような文化圏の広がりは、縄文時代早期から弥生時代以後まで続くことが早くから指摘されている（冨樫一九七四、図22）。また福田友之はどのような物資が北海道島と本州島の間で行き交ったのかを詳しく調べている（福田二〇一四）。

本地域は、日本列島の中では稀な、更新世（旧石器時代）から完新世（縄文時代）まで海峡を越えた地域間関係が維持された地域といえるのだ。海峡を挟んだ特徴的な土地の利用形態ということで、世界文化遺産の評価基準（Ⅴ）に相当するとみたい。この点自体を先史時代の他の事例と比較することができるだろう。

似たような地理的条件を日本列島内から探すと、九州と朝鮮半島との間の対馬海峡や、もともと氷期には一つの巨大な半島を形成していた、サハリン島と北海道の間の宗谷《そうや》海峡が挙げられる。これらは旧石器時代まで人や動物、物資の移動ルートであったが、縄文時代以降に別々の「文化圏」に分かれた事例なので区別できる。

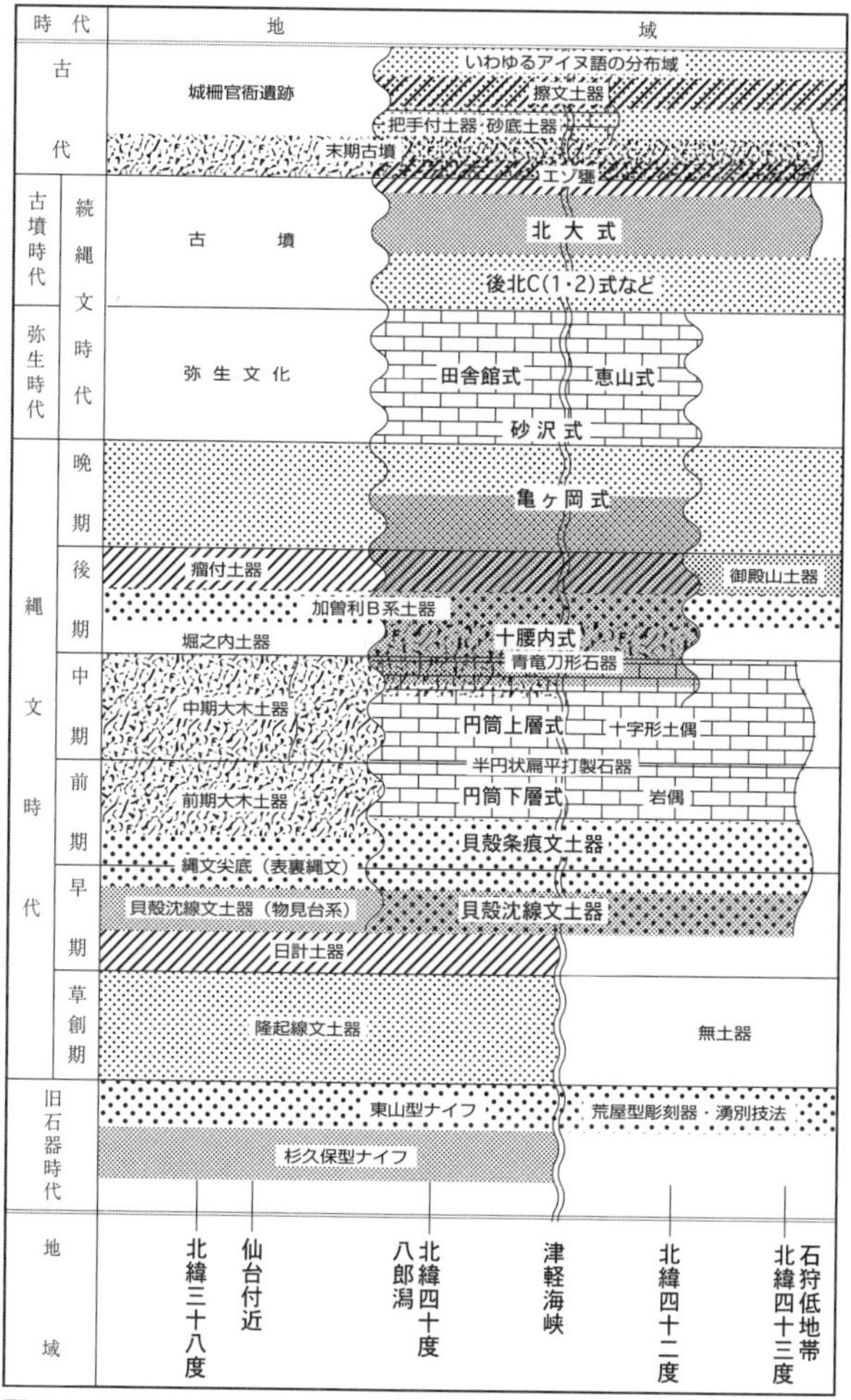

図22　津軽海峡周辺における文化的様相の移り変わり

新石器時代の類例を世界から探すと、南半球では東南アジアの島嶼地域が、北半球ではブリテン島と大陸の関係性が思い浮かぶ。中石器時代の事例では、現在のデンマークからスウェーデンの間の海峡を渡って広がり、多くの貝塚遺跡を残した「エルテベーレ文化」が挙げられる。しかし長期間にわたって「文化圏」を維持する地域は案外限られるかもしれない。

世界遺産において重要なのは、日本列島と同一視される「縄文文化」の枠組みにとらわれることなく、似たような地理的条件のもとで、同じような時代に起こった現象と比較することである。海峡を挟んだ「地域文化圏」が長期間維持されたことを普遍的価値とみなす以上、複数の「文化」の連なりが示すことを中心に据えることになる。結果として、従来関東地方を中心に語られてきた「縄文文化」論とは異なったストーリーを描くことになる。「北海道・北東北の縄文遺跡群」の構成資産及び関連資産（第1章図1）を活かしつつ、四つに分けて地域の特色を描くことにしよう。

†土器出現期

第一に、まだ寒冷気候が続いていた更新世末期の頃の土器と石器群を含む点である。津軽海峡を越える渡海は後期旧石器時代から想定されており、北海道から本州に南下した石器群（湧別技法）を物証として挙げたい。このような北海道系の石器群の特徴は大平山元遺跡（外ヶ浜町）に特徴的に見られるものである。

また同遺跡は、従来「神子柴・長者久保文化」と呼ばれてきた、土器出現期における一つの現象を示す資産でもある（第1章写真4）。この「文化」は東日本を中心に、さらには西日本の一部という広い範囲に展開するが、最も古い土器を持つ本遺跡によってその特徴を示すことができる。

この「文化」が北海道島に影響を及ぼしたかどうかについては様々な意見がある。北海道側の土器の出現と関連づけることも難しく、今のところ本州から渡った「土器文化」はタイミングとしては一〇〇〇年ほど本州より遅れることになる。しかし土器という道具が海峡を越えて広がったのは確かであり、地域間交流の物証として位置付けることはできるだろう。なお、大平山元遺跡と同じくらいの古さの土器を有する遺跡は日本列島南部にも存在するが、異なった遺物の組み合わせが設定されていることで区別できる。

†縄文早期の集団移住

　第二に、本海峡が人類集団の移動経路になったと考えられることだ。小規模な移住は何度も繰り返されただろうが、その中でも顕著な事例を一つ挙げてみよう。縄文早期の中頃（九五〇〇〜八五〇〇年前頃）、貝殻沈線文系土器群と呼ばれる土器が本州東半に生まれ、東北北部を経て北海道島南部まで広がることがわかっている。

　この時期、渡島半島の南岸で中野A・B遺跡（函館市）という大規模集落が営まれる。共通した土器の特徴だけでなく、青森県域で一時的に居住の痕跡が激減する点、北海道産・本州産の黒曜石が両地域から出土する点も踏まえ、この時期に東北北部から北海道南部にある程度の規模の移住と、定住の高まりが見られた可能性が高い（根岸ほか二〇二〇）。残念ながら中野A・B遺跡は構成資産ではないが、この時期の遺物や遺構は垣ノ島遺跡（函館市）や関連資産である長七谷地貝塚（八戸市）に見られる。

　海峡を越える移住が行われた背景には、気候の温暖化とそれに伴う対馬暖流が津軽海峡に流れ込んだことを想定しておきたい（Koizumi et al. 2006）。海洋資源が豊富になったことが、漁撈活動を活発化させた可能性が高いからだ。北海道南部の貝塚遺跡から出土する魚類から遠洋漁業が始まっていたと考えられる。そのことが、海峡を越える移住を促した要因になったとみたい。

写真18　垣ノ島遺跡の盛土遺構

†海峡を越えた大規模記念物

第三に、持ち運びできる交易物資のみならず、海峡を越えて伝えられた大規模記念物を含む点である。

このような記念物は津軽海峡間の恒常的な人の行き来なしでは生まれ得ないものだ。祭祀、信仰などを含む共通の観念があったことが想定される。前述したように筆者は、中期後葉から後期前葉にかけての気候寒冷期に、他の地域ほど人口規模が激減しなかったことがその背景にあると考えている。構成資産からいくつかの事例を挙げよう。

縄文時代前期以降に見られる盛土遺構のうち、「円筒土器文化」では中期前葉から大規模なものへと発達を遂げる。そのうち大規模かつ古いものは三内丸山遺跡（青森市）に

写真19　三内丸山遺跡の「濠」状遺構

見られるが、間にいくつかの構成資産を挟み、コの字形の大規模盛土遺構が作られた垣ノ《かきの》島《しま》遺跡（函館市、後期初頭）へと続く（写真18）。

また「円筒土器文化」の末期から直後にかけて、集落を囲む大規模な濠を造成する風習が津軽海峡を挟んだ地域で生まれる。もともと北海道南部の石狩低地帯において、静川遺跡など環濠集落が報告されており、北海道独自のものとみなされてきた。ところが近年、三内丸山遺跡で二本並ぶ濠跡が外縁部で発見されており、時期的にも北海道のものよりやや古く注目される（写真19）。

この遺構は一部しか調査されていないため全容はわからないが、長さ七〇メートル、深さ一メートル以上に及び、さらに杭列を伴う大規模なものだ。機能はまだ不明であるにせよ北海道のものとまったく無関係とは考えにくい。環濠遺構に特殊性を認める小杉康の見解（二〇〇一）に従い、記念物的性格を持つ遺構と考えておきたい。津軽海峡を挟んでほとんど同時期に発達し、また後期前葉の伊勢《いせ》堂岱《どうたい》遺跡

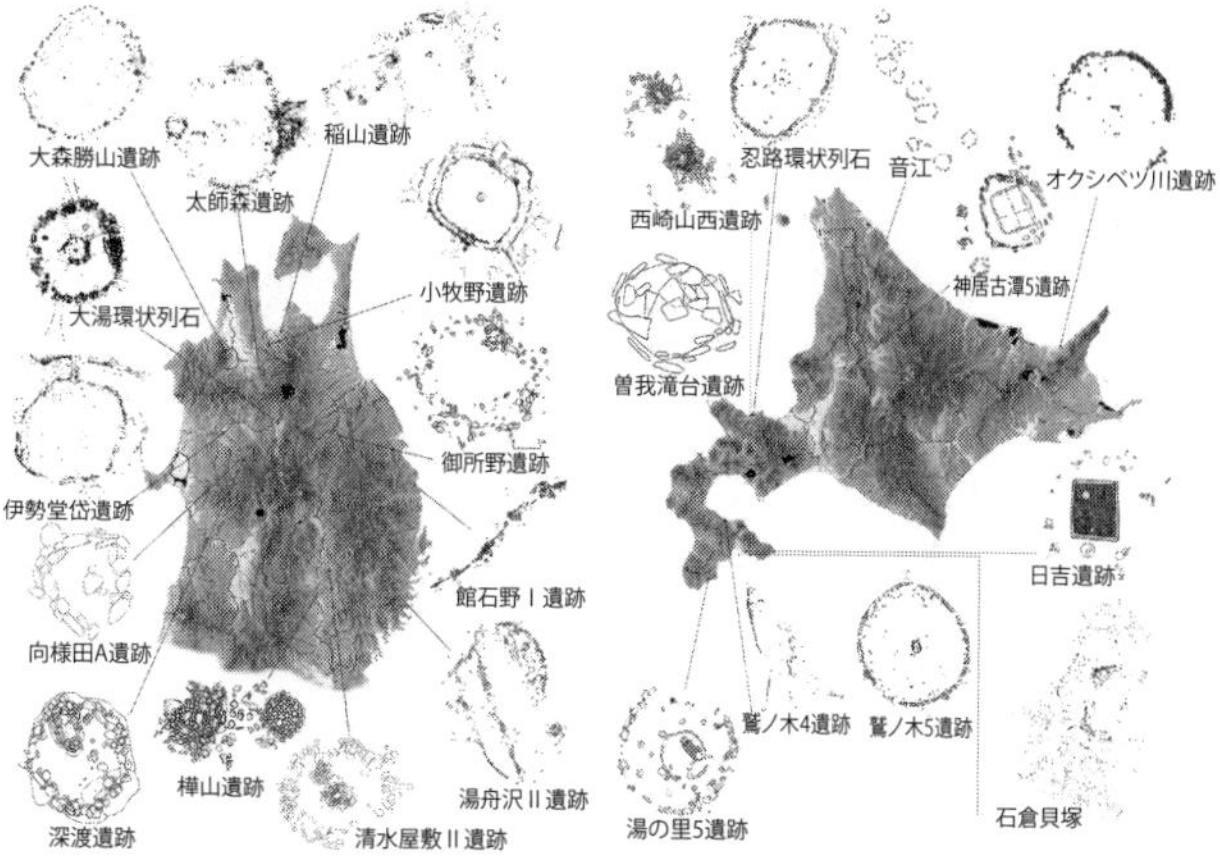

図23　北海道・東北北部における環状列石と関連遺構

（北秋田市）にも見られる。

　この後、後期前葉を中心に、大規模な環状列石が津軽海峡を挟んだ地域で展開する（図23）。本州では大湯環状列石《おおゆかんじょうれっせき》（鹿角市）、伊勢堂岱遺跡（北秋田市）、小牧野遺跡（青森市）があり、北海道では鷲ノ木遺跡（森町）が挙げられる。環状列石を作る風習は「十腰内土器文化」の範囲内に発達し、さらに北海道東部まで広がるようになる。

　この種の遺跡を共同祭祀の場や共同墓地と場とする見方があるが、筆者は環状列石の周囲に広がる居住域から、祭祀の場を中心とした集落遺跡の可能性も想定している（根岸二〇二〇b）。縄文中期よりも分散居住が進んだことは確かであるが、それは集落景観がそれ以前よりも格段に広がったことを示しているのではないだろうか。

†管理・栽培と農耕の伝播

第四に、縄文時代の最後まで狩猟採集経済が続き、雑穀農耕の「文化」が流入しなかった点である。まず本州で管理・栽培されたと考えられるクリが、縄文前期に北海道南部に伝わったと考えられることを指摘しておこう。もともと北海道に自生しなかったクリは、気候温暖化と冷温帯林の北進に伴って北海道側に伝わったのである。クリのような森林環境の中にある植物資源を、居住域の周りで管理する程度のものから積極的に増やすようなことまで含めて、管理・栽培と呼んでおく。

次に「亀ヶ岡文化」が栄えた縄文晩期には、西日本では弥生時代早期・前期が成立していた。その影響を受けて、東日本（関東・中部高地・北陸）の縄文晩期後半には雑穀農耕が伝わるのだが、東北地方には一点（大崎市・北小松遺跡・アワ）を除いて見つかっていない。構成資産である亀ヶ岡遺跡（つがる市）や是川遺跡（八戸市）では確認されておらず、狩猟採集の生活が続いていたことを示すものだ。東日本の他の地域のように晩期後半に雑穀農耕が受け入れられなかったのは、森林などからもたらされる資源が比較的安定していたことを意味するのかもしれない。

なお、弥生時代前期には青森県まで水田稲作が伝わるが、北海道では見つかっていない。このことから、津軽海峡を挟んで維持された「文化圏」にはクリが伝えられたにもかかわらず、稲作農耕に関する情報のみが伝わらなかったと言えそうだ。

津軽海峡を越えて

①土器出現、②集団の移住、③大規模記念物および④管理・栽培と農耕の四点は、単体でも世界の他の地域にも見られる現象（イベント）として捉えうる要素を抜き出したものである。これら四つのイベントを津軽海峡を挟んだ両地域で確認できる点に、普遍的価値があると整理したい。
従来の縄文研究では、①〜③は地域的な特徴とみなされるだろうし、④のうちの農耕は「縄文」とは関係しないとして除外されるかもしれない。しかし縄文時代の範囲内であることは確かであり、大陸に由来する新石器化が遅れた物証として解釈できる。

いずれも津軽海峡に関連づけられるし、同時に他地域と比較することが可能な要素である。津軽海峡を越えて伝わった、あるいは伝わらなかったモノ・コトに着目することで、

「縄文文化」の多様性を描くことができるのだ。

本書では津軽海峡を中心とした地域に着目したが、他の地域では異なった縄文時代のストーリーが描けるはずである。例えば貝塚が集中する「地域文化圏」では海洋適応そのものがテーマになるだろうし、西日本であれば東日本との違いを強調することになろう。東日本より早い新石器化に着目して、朝鮮半島の「新石器文化」と比較し、あるいは国境を越える資産として新たに推薦することも不可能ではない。「縄文遺跡群」の世界遺産一覧表への記載が、「縄文文化」の多様性を見つめなおす契機となることが望まれる。

4　過去の文化への眼差し

†先史時代をどう認識するか

本章ではユネスコにとっての文化多様性と、各地の「新石器文化」の多様性を取り上げた。それらを踏まえた上で「縄文文化」の複層性・多様性を論じ、「北海道・北東北の縄文遺跡群」の地域性を四つの現象（イベント）によって表現してみた。本章で示したデータはほんの一部に過ぎないが、本地域の特徴は昨年刊行された『世界遺産になった！　縄文遺跡』（岡田編二〇二一）で詳しく論じられている。ここでは一つの「地域文化圏」に、縄文時代全般の特徴とは異なる要素を見出すことを意識的に行ったつもりである。

最後に、日本列島における過去の「文化」を認識する上での問題に触れて本章を閉じることにしたい。その問題とは筆者の言う世界遺産というフィルターのことである。第1章に引用した文化審議会の資料にあるように、それは現在の日本と重なる意味合いでの「縄文文化」を代表するということに他ならない。世界遺産とは日本の歴史や文化を代表するものでなければならず、「縄文文化」もその中に数えられるという理屈だ。

本章では、そのような理解自体が文化多様性を重視するユネスコの考え方と矛盾するのではないかと論じてきた。もちろん、世界遺産を推薦する際の国の方針としては理解できるし、筆者もそれを否定する意図を持っているわけではない。ただ、その一部が世界遺産となった「縄文文化」に関しては、日本の先史時代をどう描くのかという文化認識の問題が見え隠れするように思われる。

「縄文文化」は単一の「文化」とみなすには広すぎる概念であるという認識は、それをどう表現するべきかはともかく、国内外問わず多くの縄文時代の研究者が共有しているものである。

これに対して「縄文文化」を一体的なものとして捉えようとする見方は、考古学以外の分野から提案された部分が大きい。泉拓良と下垣仁志（二〇一〇）は、様々な識者による日本人論の中で、「縄文文化」が語られて来た経緯を詳しく論じている。特に「縄文文化」を日本文化の基層とみなす基層文化論が、考古学とは別個に行われてきたのにもかかわらず、「縄文文化」をめぐる言説を形作ってきたことは否定できない。この文化認識が、世界遺産に推薦するならば「縄文文化」こそがふさわしいという感覚を生む一因になっていると思われるのだ。

†「縄文文化」の基層文化論

一九六〇年代から一九八〇年代にかけて、「縄文文化」を日本の基層文化とみなす文化論が盛んであった。栽培植物の起源と植生との関わりから論を起こした「縄文文化」の基層文化論は、農学者である中尾佐助の照葉樹林文化論として知られている（中尾一九六六）。

東アジアから南西日本に広がる照葉樹林帯をもとにした中尾に加えて、民族学者の佐々木高明《こうめい》は東北日本のナラ林文化論を提唱し、弥生前期の農耕文化をなかなか受容しなかった東北日本の「縄文文化」が、日本の基層文化を形成しているとした（佐々木一九七一）。弥生時代以前の「縄文文化」に日本文化の「基層」があるという見方は、梅原猛による日本文化論にも取りいれられた（梅原一九八三）。

「縄文文化」の基層文化論は、もともと民俗学の分野で発達した考え方を下敷きにしたものである。ドイツ民俗学から日本に取り入れられた基層文化論は、本家のドイツでもはや用いられていないのにもかかわらず、日本では村落にこそ民俗の基層があるとみなすパラダイムとして肥大化したという（岩本二〇〇六）。かつての民俗学にとって基層とは、都市ではなく村落にしか見られない（残っていない）日本文化の本質とされていた。この考え方が取り入れられたために、水田が伝わった弥生時代以降の稲作農耕文化ではなく、「縄文文化」にこそ日本の基層があるとみなされるようになったのである。

遺構としては見つかっていない焼畑《やきはた》を、稲作以前に想定することからもわかるように、「縄文文化」の基層文化論とは、遺物や遺構から組み立てられる考古学的な「文化」概念とは異なる土俵に立つものである。一種の日本人論、日本文化論と理解すべきだろう。

中尾や佐々木らは日本列島東西の植生の違いを文化の違いとみなしていたのだから、二種類の異なる「文化」が縄文時代に想定されていても不思議はなかった。今日、縄文早期以来クリ・ウルシの卓越する東日本と、ドングリが目立つ西日本の違いが、植物考古学の研究によって改めて指摘されているためだ（佐々木二〇二〇）。

しかし、それが日本文化論として語られるとき、東西の違いはあまり意味のないものとなり、日本文化の基層をなすものとして「縄文文化」像が描かれることになる。以下に引用するように、佐々木は縄文時代の「文化」の差が現代にも受け継がれると主張したが、その違いは現代にみられる方言や生活慣行のレベルの違いと同一視されてしまう。

縄文時代における東・西日本の間には明瞭な文化の地域差がみられたことは確かである。しかも、その文化の地域性は弥生時代の文化の地域性のなかにも受けつがれ、さらにその後の歴史の過程をへて、日本の伝統文化の地域性として、現代にまで継承されてきたということができる。ということは、方言の地域差や生活慣行の東・西差などをはじめ、日本の伝統的文化にみられる地域性のルーツを、われわれは縄文文化にまで遡って考えることが可能になるわけである。（佐々木二〇〇一）

このほかに世界遺産の文脈では富士山が「日本文化の基層」とされる（「富士山――信仰の対象と芸術の源泉」文化遺産オンライン）、現代における基層文化とは日本らしさ、日本人の自然観といったことを意味する言葉として用いられるようだ。このような文化観の前では、「縄文文化」は一元的にしか捉えられないことになる。

いうまでもなく縄文時代は遠い過去のものであり、それをどう認識し、描くのかは現代人の役割にほかならない。世界の先史時代と比較するために、その複層性・多様性を重視する本書のような捉え方もあれば、特殊性の方を重視する見方もあり得るだろう。

しかし「縄文文化」を先験的に基層文化とみなし、現代の日本文化と同一視するような文化観は、一見日本の特殊性を強調しているようでいて、「縄文文化」の多様性を捨て去り、世界の他地域との比較を不可能にしてしまうという危うさをはらんでいる。基層文化論を前提として「縄文」を語ることには慎重であるべきだろう。

†縄文時代以後の文化領域

最後に、考古学者が過去の文化をどう認識しているのか、それが「縄文文化」の多様性とどのように関連するのかに触れておきたい。

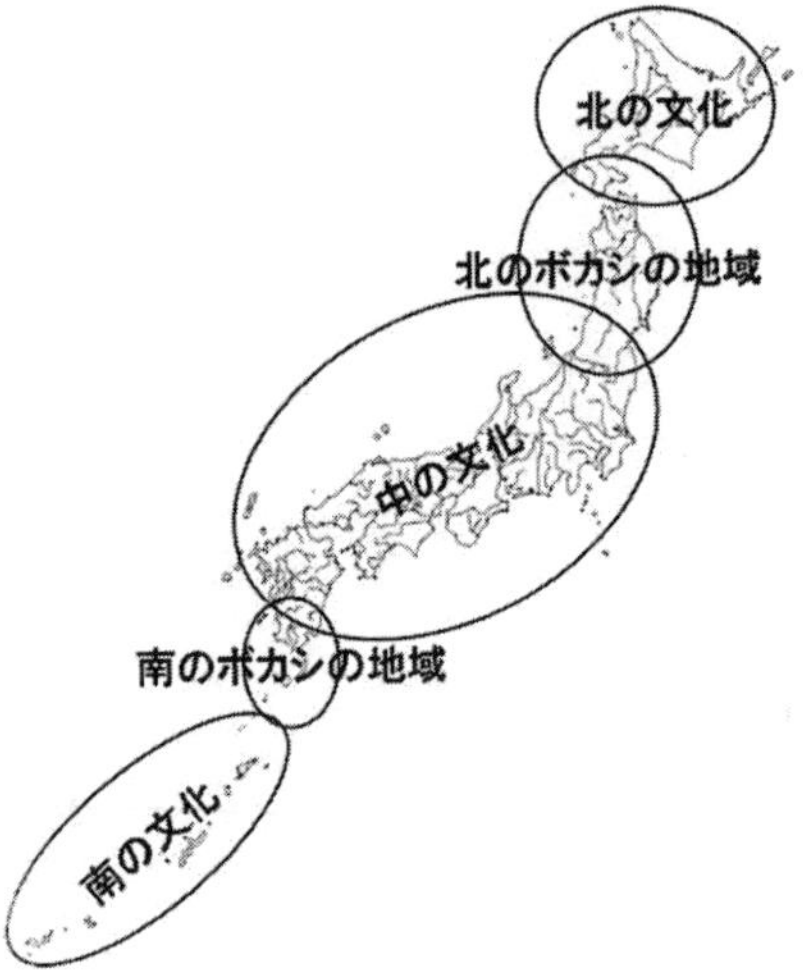

図24　藤本強（2009）による文化領域論

縄文時代より後の時代にいくつかの文化領域を設定する方法は、藤本強が提唱したものである（藤本一九八八）。藤本は、朝鮮半島を経由した稲作農耕文化を受容して「弥生文化」となった「中の文化」に対して、狩猟採集民による「続縄文文化」が続いた「北の文化」と、「貝塚文化」が展開した琉球諸島の「南の文化」を区別し、これがその後にも継続するとして複線的な歴史の流れを説いた。さらに藤本は、それぞれの文化の間に中間的な地帯があることに着目し、「ボカシの地域」も設定した（藤本二〇〇九、図24）。

ここで藤本が用いている文化という言葉は、ややこしいが考古学的「文化」のことを指してはいない。複数の時代にわたるような歴史の連なりを区別した表現なので、アメリカ考古学で用いられる「文化領域」の考え方である。列島文化の地域性を文化領域から解釈した、大林（一九九〇）に近い研究と言えるかもしれない。

「北海道・北東北の縄文遺跡群」が対象とした津軽海峡周辺地域が、「北のボカシの地域」と一致していることに着目したい。仮に弥生時代以後にも続く文化領域があるとすれば、縄文時代に見られる文化多様性と関連づけられるのか否か、検証する必要があるだろう。まさに過去の文化をどう認識するのか、どう描くかに直結する課題である。世界遺産となった縄文遺跡群が投げかける課題と言えるのではないか。

ただしその際、「弥生文化」とはどんな単位にあたるのか、本州の「弥生文化」と北海道の「続縄文文化」の間にさらに「文化」を設定してよいのかについて、さらなる議論が必要だ（藤尾二〇一三）。「弥生文化」概念についても盛んに議論が行われており（石川二〇一〇、設楽編二〇一九）、特に「縄文文化」との違いや移行を論じるにあたっては、「文化」概念の整理が求められるためである。

日本列島に多様な「文化」があったことを示すことが、考古学に課せられた責務の一つであるように思う。縄文遺跡群の世界遺産登録がその一助になることを願う。

あとがき

†本書の内容

本書では、「北海道・北東北の縄文遺跡群」の世界遺産登録を受け、世界遺産というフィルターを通して「縄文文化」像の描かれ方を見つめ直すことを試みた。縄文遺跡群の事例をケーススタディとして、「縄文文化」の多様性や複層性を論じ、さらに世界の先史「文化」と比較する枠組みを示すことを目指した。その結果、世界遺産として推薦するには「縄文文化」は広すぎる概念であることを明らかにした。

また、一般にはあまり知られていない海外の世界遺産や、それらが推薦の単位としている考古学的「文化」を取り上げた。数千年前から一万年以上前の先史時代、いわゆる文明が成立する前の遺跡を比較対象にした。巻末の分布図に示したとおり、先史時代の遺跡で世界遺産に選ばれている数はまだまだ少なく、地域や時代、遺跡の種別によって偏りが見られる。そのため本書では、暫定遺産と呼ばれる世界遺産の候補や、それ以外の遺跡および「文化」についても少なからず触れることになった。日本の考古学を専門としている筆者が、あえて専門外の地域や時代について取り上げた背景と、世界遺産登録後の展望を述べて、本書を閉じることにしよう。

†これまでの経緯

筆者は二〇一〇年から二〇二〇年まで「北海道・北東北の縄文遺跡群」の世界遺産推進事業に携わった。最初は青森県の職員として、二〇一五年からは推薦書作成のワーキンググループの外部メンバーとして、様々な場面に立ち会うことになった。埋蔵文化財の専門職員として青森県に奉職した際には関連知識はほとんどゼロに近いものであったため、文化遺産に関する国際憲章やユネスコの考え方、推薦書とは何かを一から勉強することになった。世界遺産に推薦されるような文化財を持つ自治体はほとんどないので、ユネスコに提出した推薦書作成に携わり、最後まで見届けられたことは大変ありがたかった。

とはいえ、推薦書づくりは青森県をはじめとした関連自治体と文化庁の共同作業であり、筆者はその一部を担ったに過ぎない。主に担当していたのが、縄文遺跡群と類似資産とを比べる「比較研究」の項目と、海外の専門家を招いて開催する国際専門家会議や、海外で開催された国際会議への参加、及び類似資産の視察である。ユネスコに提出する推薦書は学術論文や行政文書と異なり、独特な構成や表現、知識が必要となる。そのような推薦書作成のヒントを得るため、ユネスコやその諮問機関である国際記念物遺跡会議（イコモス）の専門家を何度か招き、縄文遺跡群の構成資産を視察してもらった。

研究対象を客観的に捉えようとする比較考古学的な視点は、日本考古学のみを研究していると持ちにくいものだ。それには日本を研究対象にし、かつ同程度に海外の考古学を研究することが難しいという事情もある。その意味でユネスコやイコモスに所属する考古学者は、人類史を広く比較する手法に長けた専門家と言ってよいだろう。彼らは世界遺産候補となっている世界各地の遺跡の推薦書の審査を担当しており、他国の担当者に指導できるだけの経験を積んでいるためだ。筆者は彼らと意見交換を行い、様々な世界の遺跡の推薦書を読み込み、また実際にいくつかの遺跡を訪れる機会にも恵まれた。このような経験が日本列島の縄文時代を見つめ直すきっかけになったのである。

†「縄文文化」とは何か

私が世界遺産登録の仕事に関わるようになって痛感したのは、「縄文文化」とは何かをわかりやすく説明し、定義することの難しさだ。日本の学校教育で習う「縄文文化」は誰しもが一度は聞いたことがあり、それをあえて定義する必要はない。しかし世界遺産としての普遍的価値を証明するということは、どの国の人々にもわかる言葉や表現で説明することである。日本考古学で一般化した概念であっても、それを世界に説明できるのかが問われる。その際、日本列島にしか見られない狩猟採集文化である、日本の基層文化であるという主張は説明として成立していない。「日本」という枠組みありきでは、それが人類史全体にどう貢献するのか、「顕著な普遍的価値」に相当するのかという疑問に、正面から応えていると言えないからである。

人類史の中に「縄文文化」を位置付けようとする取り組みが、既に多くの研究者によって行われていることも本書で紹介した。「森林性新石器文化」などがそれにあたる。筆者も同じ問題意識を持って縄文遺跡群の比較研究に取り組んできたが、最後まで悩んだのが「縄文文化」という単語をそのまま英訳することが難しい点である。〝Jomon Culture〟と訳された書籍や論文は日本人研究者によるもので、日本の考古学についての海外の研究者の論文では注意深く避けられるか、もしくは別の用語が充てられてきたのだ。

「北海道・北東北の縄文遺跡群」は無事に世界遺産になったが、これまで特殊なやり方で設定されてきた「縄文文化」をどう定義し直すべきかという問題は、今後の課題として残される。単なる英訳の話ではなく、どのように概念を整理すれば日本考古学で議論されている内容が世界に伝わるのかを考えるべきであろう。

†「北海道・北東北の縄文遺跡群」が果たすべき役割

今後、縄文時代の唯一の世界遺産である「北海道・北東北の縄文遺跡群」はどのような役割を果たすことになるだろうか。まずユネスコのホームページに掲載された推薦書が、縄文時代の研究を知るためのきっかけになることだ。これまで英語で出版されてきた書籍は、総体としての「縄文文化」を前提にするものであった。今回の推薦書は縄文時代の中に地域性・多様性があることを前提にしているため、海外の研究者にとってよい研究材料となるだろう。またそれぞれの遺跡が海外に知られるようになることも期待したい。

次に、世界各地に所在する狩猟採集民による遺跡や、埋蔵文化財を中心とした遺跡にとってのよいモデルになりえる。これまでの先史時代の世界遺産は、岩絵や祭祀遺跡など記念物性が強いものか洞窟遺跡が大部分を占めていた。しかし世界のほとんどの先史遺跡は、地上に痕跡が残らない埋蔵文化財に相当するものなのである。特に「顕著な普遍的価値」を示す要素の捉え方などが参考事例になると考える。

最後に、現状関連資産となっている二つの遺跡も含め、構成資産の再検討の可能性についても言及しておこう。世界の他資産をみれば、記載後に何年経ってからでも拡張申請がなされるケースがある。ただしその場合、もともとの推薦の形が保持されることが多いようだ。少なくとも現状では、北海道・北東北という「地域文化圏」以外から追加されることは考えにくい。また、同じ縄文時代の中でもまったく別個の遺跡が新たに世界遺産になる可能性もある。全体のストーリーの表現などを区別可能なものにする必要はあるが、ユネスコ世界遺産センターのテーマ別研究が検討していたように、他国との共同推薦であればその可能性を高めることができるだろう。

本書が、「縄文文化」の人類史における普遍的価値とともに、その文化的多様性に目が向けられる端緒になれば望外の喜びである。

なお本書のうち第1章・第2章については、本書より先に刊行された以下の論文をもとに、全面的に改稿した内容に基づいている。

第1章　根岸洋「世界遺産を通してみる「縄文」」『文化交流研究』三五号、一～一〇頁、東京大学文学部次世代人文学開発センター、二〇二二年

第2章　根岸洋「地下遺構と世界遺産」『月刊文化財』六九八号、三九～四四頁、第一法規、二〇二一年

謝辞

本書を草するにあたり、内容の基礎をなす研究をご指導いただいた諸先生、青森県教育委員会に奉職後に様々なご教示をいただいた皆様や諸機関に、お名前を記し御礼申し上げます。特に小林克氏、佐々木義孝氏には粗稿に目を通していただきました。また末筆ながら、編集の労をお掛けした山本拓様（筑摩書房）に感謝申し上げます。

菊池徹夫氏、今村啓爾氏、大貫静夫氏、佐藤宏之氏、安斎正人氏、設楽博己氏、冨樫泰時氏、岡田康博氏、長沼孝氏、阿部千春氏、高田和徳氏、佐藤嘉広氏、武藤祐浩氏、西脇対名夫氏、小笠原雅行氏、新海和広氏、中澤寛将氏、岩田安之氏、中門亮太氏、西村幸夫氏、稲葉信子氏、本中眞氏、鈴木地平氏、水ノ江和同氏、西和彦氏、平澤毅氏、小林達雄氏、岡村道雄氏、辻誠一郎氏、佐々木義孝氏、小林克氏、福田正宏氏、下釜和也氏、ウィレ

ム・ウィレムス氏、ダグラス・コマー氏、イアン・リリー氏、サイモン・ケイナー氏、ジョン・ピーターソン氏、郭旃氏、シンティア・ダニング氏、ヌリア・サンス氏、ダイアナ・グリーンリー氏、裵基同氏、北海道環境生活部文化局文化振興課縄文世界遺産推進室、青森県企画政策部世界文化遺産登録推進室、岩手県文化スポーツ部文化振興課、秋田県教育庁生涯学習課文化財保護室、千歳市教育委員会、伊達市教育委員会、函館市教育委員会、洞爺湖町教育委員会、森町教育委員会、外ヶ浜町教育委員会、つがる市教育委員会、弘前市教育委員会、青森市教育委員会、七戸町教育委員会、八戸市教育委員会、一戸町教育委員会、鹿角市教育委員会、北秋田市教育委員会（順不同）

参考文献

青森県教育委員会 2016「特別研究推進事業成果概要報告　円筒土器文化総合研究データベース作成」『特別史跡三内丸山遺跡年報』19号、63-75頁

阿子島香 2021「比較考古学の地平」『東北歴史博物館館長講座概要』東北歴史博物館

阿曽村智子 2010「ユネスコの遺産保護体制と「文化的アイデンティティ」の概念——文化政策（1945〜2005）における継続性と変革」『文京学院大学外国語学部文京学院短期大学紀要』10号、83-104頁

阿曽村智子 2013「文化多元主義的な世界における「人類の共通遺産」の普遍的価値について——ギリシャの事例」『文京学院大学外国語学部文京学院短期大学紀要』12号、279-301頁

安斎正人 1994『理論考古学——モノからコトへ』柏書房

安斎正人 1999「文化理論」『現代考古学の方法と理論』Ⅰ、同成社

安斎正人 2007『人と社会の生態考古学』柏書房

石川日出志 2010『農耕社会の成立』岩波新書

泉拓良・下垣仁志 2010「縄文文化と日本文化」『縄文文化の輪郭——比較文化論による相対化』縄文時代の考古学 1、50-75頁、同成社

稲田孝司 1986「縄文文化の形成」『日本考古学 6　変化と画期』65-117頁、岩波書店

稲田孝司 2018「神子柴石器群の成立過程とその意義」『第20回長野県旧石器研究交流会シンポジウム神子柴系石器群とはなにか？』プログラム、5-10頁

稲葉信子 2008「顕著な普遍的価値とは何か——諮問機関 ICOMOS・IUCN の分析」『月刊文化財』541号、22-25頁

稲葉信子 2020「世界遺産条約の現在、そして今後に向けて」『月刊文化財』685号、7-14頁
今村啓爾 1997「縄文時代の住居址数と人口の変動」『住の考古学』45-60頁、同成社
今村啓爾 1999『縄文の実像を求めて』歴史文化ライブラリー76、吉川弘文館
今村啓爾 2004「日本列島の新石器時代」歴史学研究会・日本史研究会編『日本史講座第1巻　東アジアにおける国家の形成』35-63頁、東京大学出版会
今村啓爾 2010a「ヨーロッパ考古学における時代区分と縄文時代」『比較考古学の新地平』57-67頁、同成社
今村啓爾 2010b「縄文時代観の形成」『縄文文化の輪郭 ── 比較文化論による相対化』縄文時代の考古学1、33-49頁、同成社
今村啓爾 2017『縄文文化 ── 入門から展望へ』考古調査ハンドブック17、ニューサイエンス社
岩本通弥 2006「戦後民俗学の認識論的変質と基層文化論 ── 柳田葬制論の解釈を事例にして」『国立歴史民俗博物館研究報告』132集、25-98頁
梅原猛 1983『日本の深層 ── 縄文・蝦夷文化を探る』佼成出版社
江坂輝弥 1943「稲荷臺系文化の研究 ── 東京都赤堤町新井遺蹟調査報告」『古代文化』13（8）、1-11頁
江坂輝弥 1957『先史時代Ⅱ』考古学ノート2、日本評論新社
大塚達朗 2000『縄紋土器研究の新展開』同成社
大貫静夫 1998『東北アジアの考古学』同成社
大貫静夫 2010「北東アジア新石器社会の多様性」『北東アジアの歴史と文化』71-86頁、北海道大学出版会
大貫静夫 2019「東アジアの新石器時代と農業 ── 東アジア新石器時代の学史的再考」『農耕文化複合形成の考古学上 ──

農耕のはじまり』33-62頁、雄山閣
大林太良 1990『東と西　海と山――日本の文化領域』小学館
岡田康博（編）2021『世界遺産になった！縄文遺跡』同成社
岡村道雄 2012「縄文文化の領域設定に関する諸問題」『北の縄文「同筒土器文化の世界」――三内丸山遺跡からの視点』8-20頁、北の縄文研究会
岡村道雄 2018「縄文文化の特徴――縄文文化を構成する地域文化圏とその東北アジア史的位置」『三内丸山遺跡44 統括報告書第2分冊』青森県埋蔵文化財調査報告書588集、170-190頁、青森県教育委員会
鎌木義昌 1965「縄文文化の概観」『日本の考古学Ⅱ』1-28頁、河出書房新社
菊池徹夫 2021「「北海道・北東北の縄文遺跡群」の世界遺産登録とその意義――「縄文」が世界遺産になるということ」『月刊文化財』698号、5-10頁
菊池徹夫・岡内三眞（編）2005『社会考古学の試み』同成社
北の縄文研究会（編）2012『北の縄文「円筒土器文化の世界」――三内丸山遺跡からの視点』
栗島義明 1986「『渡来石器』考――本ノ木論争をめぐる諸問題」『旧石器考古学』32
栗島義明 1991「北からの新石器革命」『考古学ジャーナル』No. 341、8-13頁
国立歴史民俗博物館（編）2020『日本の古墳はなぜ巨大なのか――古代モニュメントの比較考古学』吉川弘文館
小杉康 2001「巨大記念物の謎を探る」『新北海道の古代1 旧石器・縄文文化』182-201頁、北海道新聞社
小林謙一 2017『縄紋時代の実年代――土器型式編年と炭素14年代』同成社
小林達雄 1983「縄文時代領域論」『日本史学論集　上巻』3-29頁、吉川弘文館

小林達雄 1996『縄文人の世界』朝日選書
小林達雄 2012「縄文土器の様式と形式」『縄文土器を読む』9-44頁、アム・プロモーション
小林達雄（編）2008『総覧縄文土器』アム・プロモーション
小林克 2021「『北海道・北東北の縄文遺跡群』世界文化遺産登録に寄せて」『古代文化』73（3)、53-59頁
駒井和愛 1973『日本の巨石文化』学生社
佐々木高明 1971『稲作以前』NHKブックス
佐々木高明 2001『縄文文化と日本人 ── 日本基層文化の形成と継承』講談社学術文庫
佐々木藤雄 2010「縄文時代の段階区分」『縄文文化の輪郭 ── 比較文化論による相対化』縄文時代の考古学1、107-126頁、同成社
佐々木由香 2020「植物資源利用からみた縄文文化の多様性」『縄文文化と学際研究のいま』季刊考古学別冊31、69-84頁、雄山閣
佐藤達夫 1978『日本の先史文化 ── その系統と年代』河出書房新社
佐藤宏之 2019『旧石器時代 ── 日本文化のはじまり』ヒスカルセレクション、敬文舎
佐藤宏之（編）2008『縄文化の構造変動』六一書房
設楽博己（編）2019『農耕文化複合形成の考古学』雄山閣
下釜和也 2019「西アジアにおける土器の始まり」『土器のはじまり』1-19頁、同成社
下釜和也 2020「ギョベックリ・テペ遺跡の巨石建築と新石器時代の祭場」『ORIENTE』60号、18-23頁
鈴木公雄 1990「日本の新石器時代」『講座日本歴史』1、75-116頁、東京大学出版会
鈴木地平 2017「世界遺産の『新しい類型』 ── 地域や類型の不均衡の解消を目指して」『世界文化遺産の思想』112-122

頁、東京大学出版会
関雄二・青山和夫（編）2005『岩波アメリカ大陸古代文明事典』岩波書店
関根達人 2014「青森県における縄文時代の遺跡数の変遷」『第四紀研究』53（4）、199-203 頁
芹沢長介 1959「日本最古の文化と縄文土器」『科学』404-408 頁
芹沢長介 1960『石器時代の日本』築館書館
芹沢長介 1965「縄文文化の研究をめぐる諸問題 —— 周辺文化との関係」『日本の考古学Ⅱ　縄文時代』418-442 頁、河出書房
大工原豊 2008『縄文石器研究序論』六一書房
高瀬克範 2014「続縄文文化の資源・土地利用」『国立歴史民俗博物館研究報告』185 集、15-61 頁
高瀬克範 2016「本州島東北部における稲作の開始とその考古学的位置付け」『仙台平野に弥生文化はなかったのか —— 藤尾慎一郎氏の新説講演と意見交換—予稿集』57-62 頁、弥生時代研究会
谷口康浩 2010「縄文時代概念の基本的問題」『縄文文化の輪郭—比較文化論による相対化』縄文時代の考古学 1、3-32 頁、同成社
谷口康浩 2019『入門縄文時代の考古学』同成社
谷口康浩・川口潤 2001「長者久保・神子柴文化期における土器出現の 14C 年代・較正暦年代」『第四紀研究』40（6）、485-498 頁
テスタール、アラン（山内昶訳）1995『新不平等起源論 —— 狩猟＝採集民の民族学』叢書・ウニベルスタシス 505、法政大学出版局（Testart, A. 1982 *Les Chasseurs-cueilleurs ou l'origine des Inégalités*. Société d'Ethnographie: Paris.）
冨樫泰時 1974「円筒土器分布圏が意味するもの」『北奥古代文

化』6 号、1-10 頁
戸沢充則 1964「縄文文化起源論の系譜」『日本考古学の諸問題』1-15 頁、考古学研究会十周年記念論文集
戸沢充則 1984「縄文社会の展開」『日本歴史大系』1、49-101 頁、山川出版社
戸沢充則 1990「総論 —— 考古学における地域性」『岩波講座日本考古学 5 文化と地域性』2-26 頁、岩波書店
中尾佐助 1966『栽培植物と農耕の起源』岩波新書
中澤寛将 2021「北海道・北東北の縄文遺跡群の景観保全」『月刊考古学ジャーナル』No. 756、23-25 頁
中村俊介 2019『世界遺産 —— 理想と現実のはざまで』岩波書店
中村慎一 2014「良渚囲壁集落と良渚遺跡群」『中華文明の考古学』2-11 頁、同成社
中村慎一・劉斌（編）2020『河姆渡と良渚 —— 中国稲作文明の起源—』雄山閣
西秋良宏 1997「村落生活の始まり —— 続旧石器時代〜先土器新石器時代」『西アジアの考古学』47-72 頁、同成社
西村幸夫・本中眞（編）2017『世界文化遺産の思想』東京大学出版会
根岸洋 2012「東北地方北部における縄文時代の人口変動に関する基礎的研究」『高梨学術奨励基金年報（平成 23 年度）』181-188 頁、財団法人高梨学術奨励基金
根岸洋 2013「縄文文化起源論研究史—北方説—」『季刊考古学』125 号、18-20 頁
根岸洋 2020a「弥生時代前半期における「津軽海峡文化圏」について」『国際教養大学アジア地域研究連携機構研究紀要』10 号、37-57 頁
根岸洋 2020b『東北地方北部における縄文／弥生移行期論』雄山閣

根岸洋・池谷信之・佐藤宏之 2020「上北・八戸地域から出土した縄文早期の黒曜石製石器群の産地推定と考察」『東京大学考古学研究室研究紀要』33 号、23-35 頁
バートン、ブルース 2000『日本の「境界」』青木書店
羽生淳子 2002「三内丸山遺跡の『ライフ・ヒストリー』：遺跡の機能・定住度・文化景観の変遷」『国立民族学博物館調査報告』33、161-183 頁
林謙作 1994「見なおし論の輪郭」（縄文時代史 23）『季刊考古学』49 号、93-97 頁
福田友之 2014『津軽海峡域の先史文化研究』六一書房
福田正宏 2010「環日本海北部における先史文化変遷の捉え方 ── 日本列島と極東ロシアの比較から」『比較考古学の新地平』775-783 頁、同成社
福田正宏 2018「縄文文化の北方適応形態」『国立歴史民俗博物館研究報告』208 集、9-44 頁
福田正宏 2019「東北アジアにおける土器のはじまり」『土器のはじまり』23-47 頁、同成社
藤尾慎一郎 2013「弥生文化の輪郭 ── 灌漑式水田稲作は弥生文化の指標なのか」『国立歴史民俗博物館研究報告』178 集、85-120 頁
藤本強 1988『もう二つの日本文化』UP 考古学選書 2、東京大学出版会
藤本強 2009『日本列島の三つの文化』市民の考古学 7、同成社
文化庁文化財部記念物課 2005a『史跡等整備のてびき ── 保存と活用のためにⅠ　総説編・資料編』同成社
文化庁文化財部記念物課 2005b『史跡等整備のてびき ── 保存と活用のためにⅡ　計画編』同成社
文化庁・縄文遺跡群世界遺産登録推進事務局 2020『北海道・北東北の縄文遺跡群』推薦書
ベルウッド、ピーター 2008『農耕起源の人類史』京都大学学

術出版会
三宅裕 2014「西アジアの新石器時代 ── 農耕・牧畜と社会の関係」『西アジア文明学への招待』90-103 頁、悠書館
宮嶋豊 2008「北日本の配石・環状列石分布図」『研究紀要』13 号、10-14 頁、青森県埋蔵文化財調査センター
宮本一夫 2017『東北アジアの初期農耕と弥生の起原』同成社
モース、エドワード（近藤義郎・佐原真訳）1986『大森貝塚』岩波文庫
本中眞 2017「真実性（オーセンティシティ）と完全性（インテグリティ）── 顕著な普遍的価値を厳密に把握するための条件」『世界文化遺産の思想』東京大学出版会、46-58 頁
山田昌久 1990「『縄文文化』の構図（下）── 東アジア始原文化の動向と“縄文文化”の位相」『古代文化』42、32-44 頁
山田康弘 2015『つくられた縄文時代 ── 日本文化の原像を探る』新潮選書
山田康弘 2018『縄文時代の歴史』講談社現代新書
山内清男 1932「日本遠古之文化四 縄紋土器の終末二」『ドルメン』1 (7)、49-53 頁
山内清男 1937「縄紋土器型式の細別と大別」『先史考古学』1 (2)、29-32 頁
山内清男 1967a「縄紋土器の改定年代と海進の時期について」『古代』48 号、1-16 頁
山内清男 1967b『日本遠古之文化 補注付・新版』山内清男・先史考古学論文集・第一冊
山内清男 1969a「縄文文化の社会 ── 縄文時代研究の現段階」『日本と世界の歴史 第 1 巻古代〈日本〉先史～5 世紀』86-97 頁、学習研究社
山内清男 1969b「縄紋草創期の諸問題」『MUSEUM』224、4-22 頁

山内清男・佐藤達夫 1964「日本先史時代概説」『日本原始美術 1』縄文土器、135-147頁、講談社
八幡一郎 1936「日本先史文化と大陸との関係」『上代文化』14、1-6頁
八幡一郎 1937「日本に於ける中石器文化的様相」『考古学雑誌』27(6)、355-368頁
横手市 2008『横手市史通史編 原始・古代・中世』
ラウス、アーヴィング(小谷凱宣訳)1990『考古学への招待——先史時代の民族移動』岩波書店(Rouse, I. 1986 *Migrations in Prehistory: Inferring Population Movement from Cultural Remains*. Yale University Press.)
劉斌 2020「浙江における新石器時代考古学の概説」『河姆渡と良渚——中国稲作文明の起源』1-10頁、雄山閣
渡辺仁 1990『縄文式階層化社会』六一書房
Agency for Cultural Affairs of Japan. 2021 *Jomon Prehistoric Sites in Northern Japan*. Nomination Dossier submitted to UNESCO. Ref. 1632
Ames, K. 2007 The Archaeology of Rank. In Bentley, R. A., Maschner, H. D. G., Chippendale, C. (eds.) *Handbook of Archaeological Theories*. 487-513. Alta Mire Press: Lanham.
Bachrach, N., Hershkovitz, I., Kaufman, D., and Weinstein-Evron, M. 2013 The last Natufian inhabitants of el-Wad Terrace. In Bar-Yosef, O., and Valla, F. R. (eds.) *Natufian Foragers in the Levant: Terminal Pleistocene Social Changes in Western Asia*. 107-117. International Monographs in Prehistory, Archaeological Series 19, Ann Arbor: Michigan.
Barnes, G. L. 2015 *Archaeology of East Asia: the rise of civilization in China, Korea and Japan*. Oxbow Books: Oxford.
Bar-Yosef, O. 1998 The Natufian culture in the Levant, threshold to the origins of Agriculture. *Evolutionary Anthropology*

6 (5): 159–177.
Belfer-Cohen, A., and Goring-Morris, A.N. 2013 Breaking the mould: phases and facies in the Natufian of the Mediterranean zone. In Bar-Yosef, O., and Valla. F.R. (eds.), *Natufian Foragers in the Levant: Terminal Pleistocene Social Changes in Western Asia.*: 543–561. International Monographs in Prehistory, Archaeological Series 19, Ann Arbor: Michigan.
Bogucki, P. I., and Crabtree, P. J. (eds.) 2004 *Ancient Europe 8000 B.C.-A.D.1000: Encyclopedia of the Barbarian World.* Thomson Gale: New York.
Chard, C. S. 1974 *Northeast Asia in Prehistory*. The University of Wisconsin Press: Wisconsin.
Childe, V. G. 1929 *The Danube in Prehistory*. Oxford University Press: Oxford.
Childe, V. G. 1956 *Piecing together the Past*. Routledge and Kegan Paul: New York.
Clarke, D. L. 1968 *Analytical Archaeology*. Columbia University Press: New York.
Comer, D. 2015 ICAHM Opinion on the Interpretation of Subsurface Archaeological Sites. 文化庁・縄文遺跡群世界遺産登録推進本部（編）『平成26年度「北海道・北東北を中心とした縄文遺跡群」国際的合意形成促進事業（国際会議開催事業）実施報告書』121–124頁
Crema, E. R., Habu, J., Kobayashi, K., and Madella, M. 2016. Summed Probability Distribution of 14C Dates Suggests Regional Divergences in the Population Dynamics of the Jomon Period in Eastern Japan. *PLoS ONE* 11 (4): e0154809. https://doi.org/10.1371/journal.pone.0154809
Demas, M., 2004 'Site unseen' the case for reburial of archaeological sites. *Conservation and Management of Archaeologi-*

cal Sites, 6, 137–154.

Denham, T. P., Haberle, S. G., Lentfer, C., Fullagar, R., Field, J. H., Therin, M., Porch, N., and Winsborough, B. 2003 Origins of Agriculture at Kuk Swamp in the Highlands of New Guinea. *Science* 301 (5630): 189–193.

Fokkens, H., and Nikolis, H. (eds.) 2012 *Background to Beakers: inquiries into regional cultural backgrounds of the Bell Beaker Complex*. Sidestone Press: Leiden.

Gibbon, G. E. and Ames, K. M. (eds.) 1998 *Archaeology of Prehistoric Native America: an Encyclopedia*. Garland Publishing: New York.

Gibson, J. L. 2000 T*he Ancient Mounds of Poverty Point Place of Rings*. The University Press of Florida: Gainesville.

Groot, G. J. 1951 *The Prehistory of Japan*. Columbia University Press: New York.

Habu, J. 2004 *Ancient Jomon of Japan*. Cambridge University Press: Cambridge.

ICOMOS. 2015 *Recommendations of the First International Conference of ICOMOS on Archaeological Parks and Sites*. Salalah, Sultanate of Oman

ICOMOS. 2021 *Jomon Prehistoric Sites (Japan)* No. 1632, Advisory Body Interim Report. (https://whc.unesco.org/en/list/1632/documents/)

Imamura, K. 1996 *Prehistoric Japan: new perspectives on insular East Asia*. University of Hawaii Press: Horolulu.

Jokilehto, J., Cleere, H., Denyer, S and Petzet, M. 2005 *The World Heritage List: Filling the gaps - An action plan for the future*. ICOMOS.

Kaner, S. 1996 Beyond ethnicity and emergence in Japanese archaeology. In D. Denoon., M. Hudson., G. McCormack and

T. Morris-Suzuki, *Multicultural Japan: Palaeolithic to Postmodern.* 46–59. Cambridge University Press: Cambridge.
Kaner, S. and Taniguchi, Y. 2017 The development of pottery and associated technological developments in Japan, Korea, and the Russian Far East. In: Habu J., Lape P., Olsen J. (eds) *Handbook of East and Southeast Asian Archaeology.* 321–345. Springer: New York.
Kidder, J. E. 1957 *The Jomon Pottery of Japan.* Artibus Asiae Publishers: Ascona, Switzerland.
Kobayashi, T., Kaner, S., and Nakamura, O. 2004 *Jomon Reflections: Forager life and culture in the prehistoric Japanese archipelago.* Oxbow Books: Oxford.
Koizumi, I., R. Tada, H., Narita, T., Irino, T., Aramaki, T., Oba, T., and Yamamoto., H. 2006. "Paleoceanographic History around the Tsugaru Strait between the Japan Sea and the Northwest Pacific Ocean Since 30 cal Kyr BP." *Palaeogeography, Palaeoclimatology, Palaeoecology* 232 (1): 36–52.
Kraus, B. S. 1947 Current problems in Japanese prehistory. *Southwestern Journal of Anthropology.* 3 (1): 57–65.
Malone, C. 2004 Stonehenge. In Bogucki, P. I., and Crabtree, P. J. (eds.) *Ancient Europe 8000 B.C.–A.D. 1000: Encyclopedia of the Barbarian World.* vol. 2: 61–67. Thomson Gale: New York.
Ministry of Culture and Tourism, Turkey 2012 *The Neolithic Site of Çatalhöyük.* Nomination Dossier submitted to UNESCO. Ref. 1405
Ministry of Culture and Tourism, Turkey 2017 *Göbekli Tepe.* Nomination Dossier submitted to UNESCO. Ref. 1572
Munro, N. G. 1911 *Prehistoric Japan.* Yokohama.
Nakaya, J. 1930 Contribution à l'étude de la civilisation néo-

lithique au Japon. *Revue des arts asiatiques* VI (3): 151–167.
Ohyama, K. 1930 Korekawa-Funde: vom Korekawa, einer charakteristischen steinzeitlichen Station von Kame-ga-oka Typus der Nord-Ost Jomon-kultur. 『史前学雑誌』 2 (4), E. 11–E. 41
Palafittes 2011 *Prehistoric Pile Dwellings around the Alps.* Nomination Dossier submitted to UNESCO. Ref. 1363
Robb, J. 2013 Material culture, landscapes of action, and emergent causation: a new model for the origins of the European Neolithic. *Current Anthropology* 54 (6): 657–683.
Sanz, N., Arriaza, B. T. and Standen, V. G. (eds.) 2014 *The Chinchorro Culture: A Comparative Perspective. The archaeology of the earliest human mummification.* UNESCO
Sanz, N. and Keenan, P. 2011 Human evolution: adaptation, dispersals and social developments (HEADS). World Heritage Thematic Programme. *World Heritage Papers* 29, UNESCO.
Sansom, G. 1931 *Japan: A Short Cultural History.* Stanford University Press.
Schmidt, K. 2010 Göbekli Tepe – the Stone Age sanctuaries: new results of ongoing excavations with a special focus on sculptures and high reliefs. *Documenta Praehistorica* XXXVII, 239–256.
Shennan, S. 1978 Archaeological 'cultures': an empirical investigation. In I. Hodder (ed.), *The Spatial Organisation of Culture.* 113–139. Duckworth: London.
Smith, B. D. 2001 Low-level food production. *Journal of Archaeological Research.* 9 (1), 1–43.
Steinhaus, W. and S. Kaner (eds.) 2016 *An Illustrated Companion to Japanese Archaeology.* Archaeopress: Oxford.

Thomas, J. 1999 *Rethinking the Neolithic*. Cambridge University Press: Cambridge.

Trofimova, E., and Trofimov, A. 2019 World subterranean heritage. *Geohenge* 11. 1113–1131.

Torii, R. 1937 *Ancient Japan in the light of anthropology*. K.B.S. publication series; Ser. B. no. 15, Kokusai-bunka Shinkoukai: Tokyo.

Willems, W., and Comer, D. 2011 Africa, archaeology, and World Heritage. *Conservation and Management of Archaeological Sites*.13 (2–3), 160–173.

Zvelebil, M. 1998 What's in a name: the Mesolithic, the Neolithic and social change at the Mesolithic-Neolithic transition. In M. Edmonds and C. Richards. (eds.), *Understanding the Neolithic of Northwestern Europe*. 1–36. Cruithne Press: Glasgow.

出典一覧

図 1：著者作成
図 2：Shennan（1978）より著者作成
図 3：Bogucki and Crabtree（eds.）2004 を改変
図 4：小林（2012）より転載
図 5：Jokilehto, J. et al（2005）より著者作成
図 6：Jokilehto, J. et al（2005）より著者作成
図 7：著者作成
図 8：山内（1969a）を改変して著者作成
図 9：大貫（1998）より転載
図 10：著者作成
図 11：西秋（1997）より転載
図 12：Belfer-Cohen and Goring-Morris（2013）を改変して作成
図 13：三宅（2014）を改変して作成
図 14：Malone（2004）を改変して作成
図 15：Gibson（2000）より転載
図 16：大貫（2010）より転載
図 17：Robb（2013）を改変して作成
図 18：青森県教育委員会（2016）
図 19：今村（1997）より転載
図 20：根岸（2012）をもとに作成
図 21：著者作成
図 22：横手市（2008）を改変して作成
図 23：宮嶋（2008）を改変して作成
図 24：藤本（2009）より転載
写真 1：文化庁・縄文遺跡群世界遺産登録推進事務局（2020）
写真 2：冨樫泰時氏提供
写真 3：著者撮影

写真 4：外ヶ浜町教育委員会提供
写真 5：著者撮影
写真 6：一戸町教育委員会提供
写真 7：著者撮影
写真 8：外ヶ浜町教育委員会提供
写真 9：著者撮影
写真 10：森町教育委員会提供
写真 11：八戸市教育委員会提供
写真 12：下釜和也氏提供
写真 13：著者撮影
写真 14：サイモン・ケイナー氏提供
写真 15：著者撮影
写真 16：ダイアナ・グリーンリー氏提供
写真 17：岩田安之氏提供
写真 18：函館市教育委員会提供
写真 19：著者撮影
表 1：本中（2017）より転載
表 2：佐々木義孝氏の協力を得て著者作成
表 3：佐々木義孝氏の協力を得て著者作成
巻末図：UNESCO World Heritage List（https://whc.unesco.org/en/list/）をもとに著者作成
巻末表 1：「世界遺産一覧表に文化資産を登録する場合の評価基準」（文化庁 HP より）
巻末表 2：UNESCO World Heritage List（https://whc.unesco.org/en/list/）をもとに著者作成

i	人間の創造的才能を表す傑作である。
ii	建築、科学技術、記念碑、都市計画、景観設計の発展に重要な影響を与えた、ある期間にわたる価値観の交流又はある文化圏内での価値観の交流を示すものである。
iii	現存するか消滅しているかにかかわらず、ある文化的伝統又は文明の存在を伝承する物証として無二の存在（少なくとも希有な存在）である。
iv	歴史上の重要な段階を物語る建築物、その集合体、科学技術の集合体、或いは景観を代表する顕著な見本である。
v	あるひとつの文化（又は複数の文化）を特徴づけるような伝統的居住形態若しくは陸上・海上の土地利用形態を代表する顕著な見本である。又は、人類と環境とのふれあいを代表する顕著な見本である。（特に不可逆的な変化によりその存続が危ぶまれているもの）
vi	顕著な普遍的価値を有する出来事（行事）、生きた伝統、思想、信仰、芸術的作品、あるいは文学的作品と直接または実質的関連がある（この基準は他の基準とあわせて用いられることが望ましい）。

巻末表1　「世界遺産条約履行のための作業指針」による顕著な普遍的価値の評価基準（文化遺産に限る）

No.	資産名	記載年	国名
1	ンゴロンゴロ保全地区【※複合遺産】	1979 (※2010)	タンザニア
2	人類の進化を示すカルメル山の遺跡――ナハル・メアロット、ワディ・エルムガーラ渓谷の洞窟群	2012	イスラエル
3	ヴェゼール渓谷の先史時代史跡群と洞窟壁画群	1979	フランス
4	アルタミラ洞窟と北スペインの旧石器時代の洞窟画	1985	スペイン
5	カカドゥ国立公園【※複合遺産】	1981 (※1992)	オーストラリア
6	ビンベットカのロック・シェルター群	2003	インド
7	レンゴン渓谷の考古遺跡	2012	マレーシア
8	サンギラン初期人類遺跡	1996	インドネシア
9	周口店の北京原人遺跡	1987	中国
10	ギョベックリ・テペ	2018	トルコ
11	チャタルホユックの新石器時代遺跡	2012	トルコ

巻末表2　主要世界遺産一覧

…の種類	OUV	概要
…期人類	iv	リーキー夫妻による初期人類化石の調査地として著名なオルドヴァイ渓谷を含むため2010年に複合資産となった。全長48 kmに及ぶ本渓谷からは、パラントロプス・ボイセイ、ホモ・ハビリス等の化石人骨が出土した。
…洞窟	iii・v	カルメル山の4つの洞窟と段丘に立地する遺跡群。50万年前の前期旧石器時代（アシュール文化）、中期旧石器時代（ムステリアン文化）およびナトゥーフ文化期まで続き、人類進化や文化変遷を長期にわたって示す。
…岩絵	i, iii	クロ＝マニョン岩陰、ムスティエ岩陰、マドレーヌ岩陰などの標識遺跡を含む147カ所の旧石器時代遺跡と、著名なラスコー洞窟をふくむ25カ所の洞窟壁画が所在する。OUVは洞窟壁画に関してである。
…岩絵	i, iii	3万5000年前から1万1000年前の後期旧石器時代の洞窟絵画群。1985年に記載された著名なアルタミラ洞窟に加えて、2006年に17カ所の遺跡が追加記載された。
…岩絵	i	オーストラリアのノーザンテリトリーに所在し、4万年以上にわたる人類の居住地である。岩絵、岩石彫刻および考古学的遺跡が、旧石器時代から今日のアボリジニまで繋がる狩猟採集民を示す。
…窟・岩絵	iii, v	デカン高原北部に走るビンディア山脈の山麓に位置する遺跡群。後期旧石器時代、中石器時代（紀元前8000年）および歴史時代までの約400の岩陰遺跡と岩絵を含む。岩絵のうちの最古のものは中石器時代のもの。
…期人類	iii, iv	マレー半島のレンゴン渓谷に残る、183万年前から紀元後300年にかけての石器製作跡と洞窟遺跡群。約1万年前の人類化石（ペラ・マン）は、東南アジアで最も完全な全身骨格として極めて貴重である。
…期人類	iii	150万年前から40万年前までの100個体を超える人類化石が出土。中でもジャワ原人として知られるホモ・エレクトス・エレクトスは著名。
…期人類	iii	前期旧石器時代（78〜68万年前）のいわゆる北京原人、現在はホモ・エレクトス・ペキネンシスとして知られる人類化石とそれに伴う石器群や、山頂洞人として知られる後期旧石器時代の人類化石が出土。
…記念物	i, ii, iv	先土器新石器時代（PPNA）の巨石構造物群を有する遺跡で、紀元前9500年から同8500年の間に狩猟採集民によって築かれた。大型の円形遺構4基が特徴的で、T字形をなす石柱や動物の彫刻を施した石柱群が見つかっている。
集落	ii, iv	先土器新石器時代（PPNB）から新石器時代・銅石器時代（紀元前7400年から紀元前5200年）にかけての大規模集落遺跡。東側に所在する新石器時代のテルからは壁画やレリーフが発見されている。

No.	資産名	記載年	国名
12	アシヴィスイット——ニピサット、氷と海の間のイヌイトの狩場	2018	デンマーク
13	ストーンヘンジ、エーヴベリーと関連する遺跡群	1986	イギリス
14	オークニー諸島の新石器時代遺跡中心地	1999	イギリス
15	クシェミオンキ——先史時代のストライプフリントの採掘地域	2019	ポーランド
16	アルプス山系の先史時代杭上住居跡群	2011	オーストリア、フ ス、ドイツ、イタ スロベニア、スイ
17	スピエンヌの新石器時代の火打石の鉱山発掘地	2000	ベルギー
18	ポヴァティ・ポイントの記念碑的盛土構造物群	2014	アメリカ
19	アリカ・イ・パリナコータ州におけるチンチョーロ文化の集落と人工ミイラ製法	2021	チリ
20	バン・チアンの古代遺跡	1992	タイ
21	クック初期農耕遺跡	2008	パプア・ニューギ
22	良渚古城遺跡	2019	中国
23	北海道・北東北の縄文遺跡群	2021	日本

の種類	OUV	概要
の他	v	西グリーンランドにおける紀元前2500年のパレオ・エスキモーの時代から近代にまで至るイヌイットの文化的景観。構成資産のうちアシヴィスイトは夏季居住地だが冬季の地点も含み、ニピサット島は狩猟漁撈の場である。
念物	i, ii, iii	紀元前3000年（新石器時代）から同1600年（青銅器時代）までに構築された巨石記念物。高さ約7mの巨大な組石を中心に、直径約110mを測る円形盛土が配置される。エーヴベリーはヨーロッパ最大級のストーン・サークル。
・墓地・物	i, ii, iii, iv	スコットランドのオークニー諸島に所在し、石造住居群があるスカラ・ブレイ、羨道墳のメイズハウ、環状列石のリング・オブ・ブロッガー、および巨大な立石群であるストーンズ・オブ・ステネスを構成資産とする。
産	iii, iv	シフィエントクシスキエ山地に位置し、新石器時代（紀元前3900年頃）から青銅器時代（紀元前1600年頃）の、4つのフリント石材原産地遺跡から構成される。
集落	iv, v	111の遺跡群から構成され、新石器時代（紀元前5000年）から鉄器時代（紀元前500年頃）までにアルプス山系の湖や川、湿地沿いに建てられた杭上住居跡群である。居住形態の他に本地域の初期農耕社会の発展を示す。
産	i, iii, iv	新石器時代中期（紀元前4300年）から後期（同2200年）までのフリント石材の原産地遺跡。この種の遺跡としては北西ヨーロッパにおいて最大。
念物	iii	ミシシッピ川下流域にあり、5基のマウンド、6重のC字状土塁、中央広場その他の遺構群からなる。ポバティ・ポイント文化期（紀元前1700年～紀元前1100年）に相当し、狩猟採集民によって構築された。
墓地	iii	先土器時代のチンチョーロ文化期（紀元前5450年から同890年まで）にあたる、世界最古のミイラ製法が明らかとなった遺跡。漁撈民によって営まれたと考えられる。
集落	iii	紀元前2500から同1500年まで継続した新石器時代の集落遺跡。大規模な盛土遺構やバンチェン土器で知られる。
生産	iii, iv	標高1500mのニューギニア高地西部に所在する。紀元前5000年から同2000年の先史時代に、バナナ、タロ、ヤムなどの根菜類を中心とした農耕が始まり、継続的に行われたことを示す遺跡。
集落	iii, iv	良渚文化期（紀元前3300年～同2200年）の初期都市遺跡。莫角山周辺遺跡群、大遮山南麓遺跡群、および笥山周辺遺跡群から構成される。このうち莫角山周辺遺跡群には南北1.8～1.9km、東西1.5～1.7kmの巨大囲壁がある。
落・墓地・念物	iii, v	北海道島南部から本州島北部の津軽海峡周辺に広がる縄文時代の遺跡群。紀元前13000年以前の出現期の土器を伴う大平山元遺跡から、紀元前3200～2400年の亀ヶ岡遺跡まで、狩猟採集民の定住プロセスを示す遺跡群。

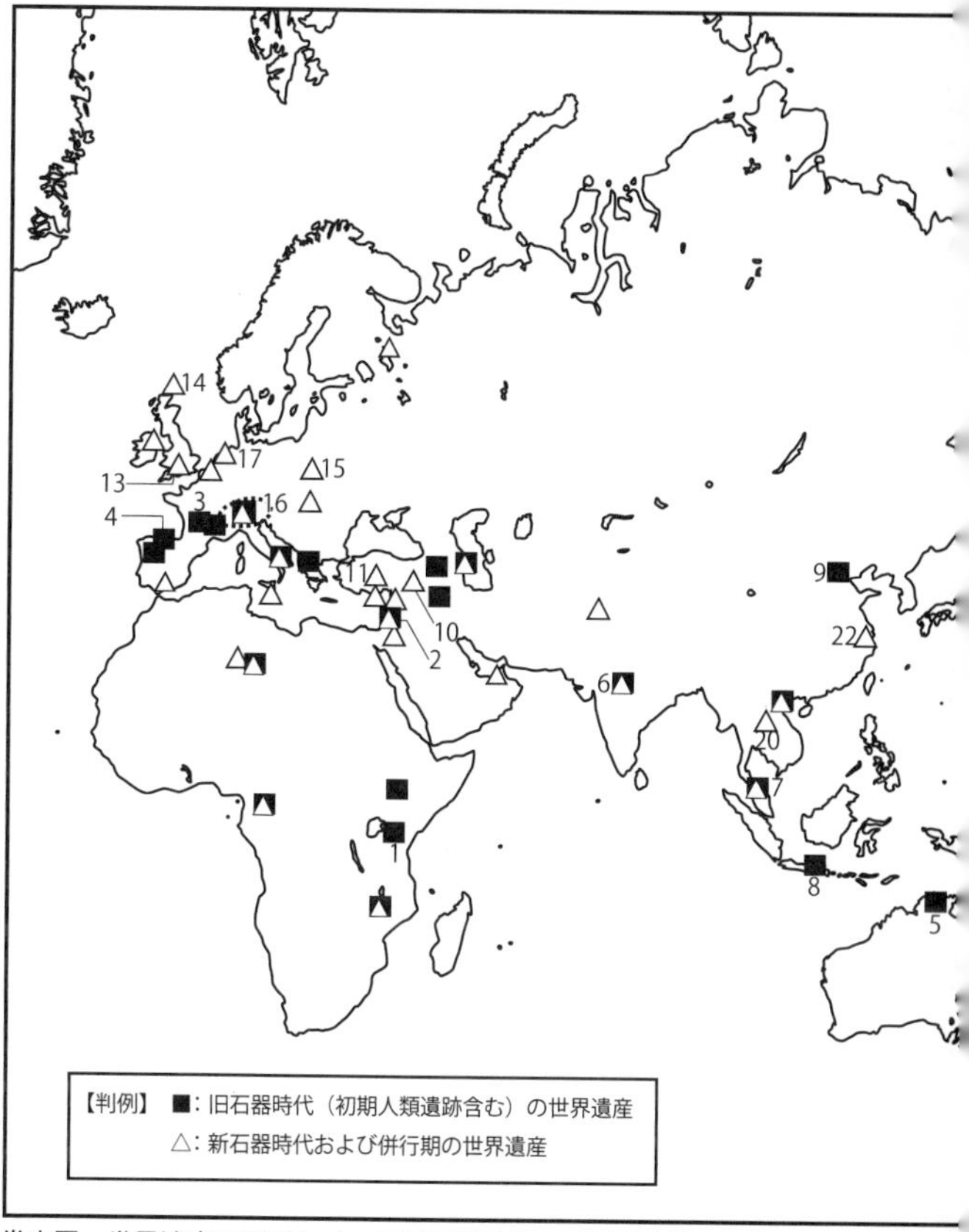

巻末図　世界遺産に選ばれている旧石器時代・新石器時代の資産の分布図（主要
1ンゴロンゴロ保全地区　2人類の進化を示すカルメル山の遺跡　3ヴェゼール渓谷の先
立公園　6ビンベットカのロック・シェルター群　7レンゴン渓谷の考古遺跡　8サンギ
器時代遺跡　12アシヴィスイットーニピサット　13ストーンヘンジ、エーヴベリーと関
の先史時代杭上住居跡群　17スピエンヌの新石器時代の火打石の鉱山発掘地　18ポヴ
ロ文化の集落と人工ミイラ製法　20バン・チアンの古代遺跡　21クック初期農耕遺跡

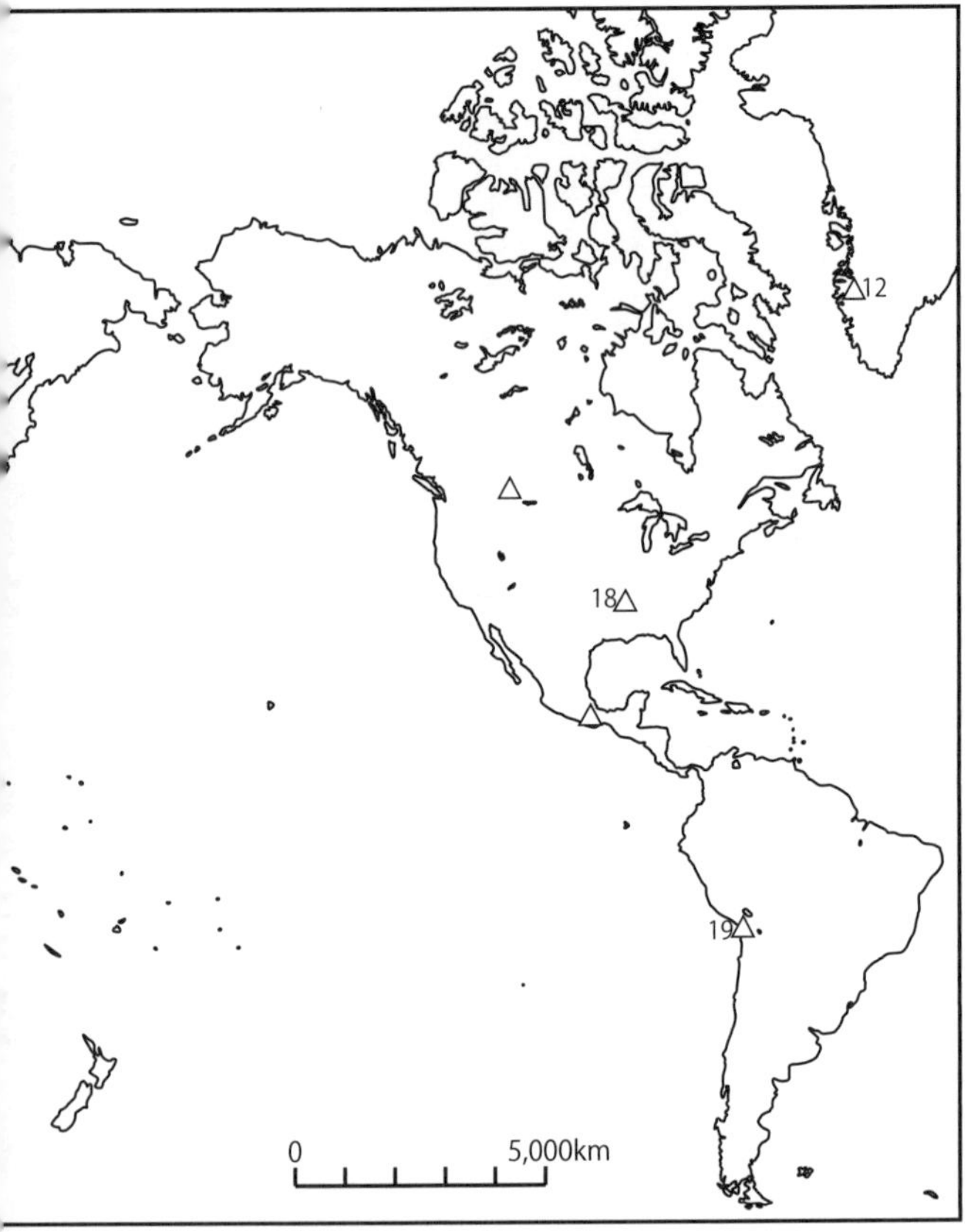

跡群と洞窟壁画群　4アルタミラ洞窟と北スペインの旧石器時代の洞窟画　5カカドゥ国
人類遺跡　9周口店の北京原人遺跡　10ギョベクリ・テペ　11チャタルホユックの新石
跡群　14オークニー諸島の新石器時代遺跡中心地　15クシェミオンキ　16アルプス山系
ポイントの記念碑的盛土構造物群　19アリカ・イ・パリナコータ州におけるチンチョー
城遺跡　23北海道・北東北の縄文遺跡群

ちくま新書
1646

縄文《じょうもん》と世《せ》界遺《かいい》産《さん》
——人類史《じんるいし》における普遍的価値《ふへんてきかち》を問《と》う

二〇二二年四月一〇日　第一刷発行

著者　根岸洋（ねぎし・よう）
発行者　喜入冬子
発行所　株式会社 筑摩書房
東京都台東区蔵前二-五-三　郵便番号一一一-八七五五
電話番号〇三-五六八七-二六〇一（代表）
装幀者　間村俊一
印刷・製本　株式会社 精興社

ISBN978-4-480-07472-0 C0221

ちくま新書

1579 古代史講義【氏族篇】 佐藤信編

大伴氏、物部氏、蘇我氏、藤原氏から源氏、平氏、奥州藤原氏まで――各時期に活躍した代表的氏族の展開を、最新研究から見通し、古代社会の実情を明らかにする。

1391 古代史講義【戦乱篇】 佐藤信編

日本の古代を大きく動かした15の戦い・政争を最新研究に基づき正確に叙述。通時的に歴史展開を見通すとともに、時代背景となる古代社会のあり方を明らかにする。

1480 古代史講義【宮都篇】 佐藤信編

飛鳥の宮から平城京・平安京などの都、太宰府、平泉まで古代の代表的宮都を紹介。最新の発掘・調査成果をもとに都市の実像を明らかにし、古代史像の刷新を図る。

1497 人事の古代史――律令官人制からみた古代日本 十川陽一

報復左遷、飼い殺し、飼い慣らし……。天皇を中心に国を統治をするために様々な人の差配が必要となった。国家の礎となる官人とその支配制度に光を当てた一冊。

1207 古墳の古代史――東アジアのなかの日本 森下章司

社会変化の「渦」の中から支配者が出現した、古墳時代の中国・朝鮮・倭。一体何が起こったのか。日本と他地域の共通点と、明白な違いとは。最新考古学から考える。

1247 建築から見た日本古代史 武澤秀一

飛鳥寺、四天王寺、伊勢神宮などの古代建築群を手がかりに日本誕生に至る古代史を一望する。仏教公伝、皇祖神創造、生前退位は如何に三次元的に表現されたのか？

1192 神話で読みとく古代日本――古事記・日本書紀・風土記 松本直樹

古事記、日本書紀、風土記という〈神話〉を丁寧に読みとくと、古代日本の国家の実像が見えてくる。精神史上の「日本」誕生を解明する、知的興奮に満ちた一冊。

ちくま新書

1254 万葉集から古代を読みとく　上野誠
民俗学や考古学の視点も駆使しながら万葉集全体を解剖し、今につながる古代人の文化史、社会史をさぐる型破りの入門書。「表現して、残す」ことの原初性に迫る。

1460 世界哲学史1 ——古代Ⅰ　知恵から愛知へ　［責任編集］伊藤邦武／山内志朗　中島隆博／納富信留
人類は文明の始まりに世界と魂をどう考えたのか。古代オリエント、旧約聖書世界、ギリシアから、中国、インドまで、世界哲学が立ち現れた場に多角的に迫る。

1461 世界哲学史2 ——古代Ⅱ　世界哲学の成立と展開　［責任編集］伊藤邦武／山内志朗　中島隆博／納富信留
キリスト教、仏教、儒教、ゾロアスター教、マニ教などの宗教的思考について哲学史の観点から領域横断的に検討。「善悪と超越」をテーマに、宗教的思索の起源に迫る。

1462 世界哲学史3 ——中世Ⅰ　超越と普遍に向けて　［責任編集］伊藤邦武／山内志朗　中島隆博／納富信留
七世紀から一二世紀まで、ヨーロッパ、ビザンツ、イスラーム世界、中国やインド、そして日本の多様な形而上学の発展を、相互の豊かな関わりのなかで論じていく。

1463 世界哲学史4 ——中世Ⅱ　個人の覚醒　［責任編集］伊藤邦武／山内志朗　中島隆博／納富信留
モンゴル帝国がユーラシアを征服し世界が一体化へと向かう中、世界哲学はいかに展開したか。天や神など超越者に還元されない「個人の覚醒」に注目し考察する。

1464 世界哲学史5 ——中世Ⅲ　バロックの哲学　［責任編集］伊藤邦武／山内志朗　中島隆博／納富信留
近代西洋思想は、いかにイスラームの影響を受けたスコラ哲学によって準備され、世界へと伝播したか。中国・朝鮮・日本までを視野に入れて多面的に論じていく。

1465 世界哲学史6 ——近代Ⅰ　啓蒙と人間感情論　［責任編集］伊藤邦武／山内志朗　中島隆博／納富信留
啓蒙運動が人間性の復活という目標をもっていたことを、東西の思想の具体例とその交流の歴史から浮き彫りにしつつ、一八世紀の東西の感情論へのまなざしを探る。

ちくま新書

1466
世界哲学史7 ――近代Ⅱ 自由と歴史的発展
［責任編集］伊藤邦武／山内志朗／中島隆博／納富信留
旧制度からの解放を求めた一九世紀の「自由の哲学」とは何か。欧米やインド、日本などでの知的営為を俯瞰し、自由の意味についての哲学的探究を広く渉猟する。

1467
世界哲学史8 ――現代 グローバル時代の知
［責任編集］伊藤邦武／山内志朗／中島隆博／納富信留
西洋現代哲学、ポストモダン思想から、イスラーム、中国、日本、アフリカなど世界各地の現代哲学までを渉猟し、現代文明の危機を打開する哲学の可能性を探る。

1534
世界哲学史 別巻 ――未来をひらく
［責任編集］伊藤邦武／山内志朗／中島隆博／納富信留
古代から現代までの『世界哲学史』全八巻を踏まえ、論じ尽くされていない論点、明らかになった新たな課題について考察し、未来の哲学の向かうべき先を考える。

601
法隆寺の謎を解く
武澤秀一
世界最古の木造建築物として有名な法隆寺は、創建・再建の動機を始め多くの謎に包まれている。その構造から古代史を読みとく、空間の出来事による「日本」発見。

895
伊勢神宮の謎を解く ――アマテラスと天皇の「発明」
武澤秀一
伊勢神宮をめぐる最大の謎は、誕生にいたる壮大なプロセスにある。そこにはなぜ、二つの御神体が共存するのか？神社の起源にまで立ち返りあざやかに解き明かす。

1287-1
人類5000年史Ⅰ ――紀元前の世界
出口治明
人類五〇〇〇年の歩みを通読する、新シリーズの第一巻、ついに刊行！ 文字の誕生から知の爆発の時代まで紀元前三〇〇〇年の歴史をダイナミックに見通す。

1287-2
人類5000年史Ⅱ ――紀元元年～1000年
出口治明
人類史を一気に見通すシリーズの第二巻。漢とローマ二大帝国の衰退、世界三大宗教の誕生、陸と海のシルクロード時代の幕開け等、激動の一〇〇〇年が展開される。

ちくま新書

791 日本の深層文化
森浩一
稲と並ぶ隠れた主要穀物の「粟」。田とは異なる豊かさを提供してくれる各地の「野」。大きな魚としてのクジラ。——史料と遺跡で日本文化の豊穣な世界を探る。

1359 大坂城全史 ——歴史と構造の謎を解く
中村博司
豊臣秀吉、徳川家康・秀忠など、長きにわたり権力者たちの興亡の舞台となった大坂城を、最新の研究成果に基づき読み解く、通説を刷新する決定版通史！

1418 日本人はなぜ「頼む」のか ——結びあいの日本史
白川部達夫
『万葉集』『源氏物語』から「頼み証文」まで、史料に表れる「タノム」という言葉の変遷を読み、日本人の社会的結合を描く、まったく新しい社会心性史の試み。

1475 歴史人口学事始め ——記録と記憶の九〇年
速水融
二〇一九年に逝去した歴史人口学の泰斗・速水融の遺著。欧州で歴史人口学と出会い、日本近世経済史の知られざる姿を明らかにした碩学が激動の時代を振り返る。

1567 氏名の誕生 ——江戸時代の名前はなぜ消えたのか
尾脇秀和
私たちの「氏名」はいつできたのか？ 明治政府が行った改革が、江戸時代の常識を破壊し大混乱を巻き起こす。気鋭の研究者が近世・近代移行期の実像を活写する。

1570 持統天皇と男系継承の起源 ——古代王朝の謎を解く
武澤秀一
自らアマテラスとなり、タテの天皇継承システムを創出した女性天皇の時代の後、なぜ男系継承の慣例が生じたのか？ 平城京を三次元的に考察してその謎を解く。

1210 日本震災史 ——復旧から復興への歩み
北原糸子
度重なる震災は日本社会をいかに作り替えてきたのか。有史以来、明治までの震災の復旧・復興の事例に焦点を当て、史料からこの国の災害対策の歩みを明らかにする。

ちくま新書

1555
女帝の古代王権史
義江明子
古代天皇継承は女系と男系の双方を含む「双系」的なものだった。卑弥呼、推古、持統らに焦点を当て古代王権史を一望。男系の万世一系という天皇像を書き換える。

1561
血の日本思想史
——穢れから生命力の象徴へ
西田知己
古来、穢れを表し、死の象徴だった「血」が、なぜ江戸時代に家族のつながりを表すものへと転換したのか。日本人の「血」へのまなざしと生命観の変遷をたどる。

1628
邪馬台国再考
——女王国・邪馬台国・ヤマト政権
小林敏男
畿内ヤマト国（邪馬台国）と北九州ヤマト国（女王国）は別の国で、卑弥呼は後者の女王だった。長年の歴史学の文献研究に基づき、古代史最大の謎を解き明かす。

1201
入門　近代仏教思想
碧海寿広
近代日本の思想は、西洋哲学と仏教の出会いの中に生まれた。井上円了、清沢満之、近角常観、暁烏敏、倉田百三らの思考を掘り起こし、その深く広い影響を解明する。

1273
誰も知らない熊野の遺産〈カラー新書〉
栂嶺レイ
世界遺産として有名になったが、熊野にはまだ手つかずの風景が残されている。失われつつある日本の、日本人の原型を探しにいこう。カラー写真満載の一冊。

1286
ケルト　再生の思想
——ハロウィンからの生命循環
鶴岡真弓
近年、急速に広まったイヴェント「ハロウィン」。この祭りに封印されたケルト文明の思想を解きあかし、古代ヨーロッパの精霊を現代へよみがえらせる。

1330
神道入門
——民俗伝承学から日本文化を読む
新谷尚紀
神道とは何か。古代の神祇祭祀に仏教・陰陽道・道教など多様な霊験信仰を混淆しつつ、国家神道を経て今日の形に至るまで。その中核をなす伝承文化と変遷を解く。

ちくま新書

1370
チベット仏教入門
――自分を愛することから始める心の訓練
吉村均
生と死の教えが世界的に注目されているチベットの仏教。その正統的な教えを解説した初めての入門書。基礎的な知識から学び方、実践法までをやさしく説き明かす。

1403
ともに生きる仏教
――お寺の社会活動最前線
大谷栄一編
「葬式仏教」との批判にどう応えるか。子育て支援、グリーフケアと終活、アイドル育成、NPOとの協働、貧困対策。社会に寄り添う仏教の新たな可能性を探る。

1410
死体は誰のものか
――比較文化史の視点から
上田信
死体を忌み嫌う現代日本の文化は果たして普遍的なのか。チベット、中国、キリスト教、ユダヤ――。来るべき多死社会に向けて、日本人の死生観を問い直す。

1487
四国遍路の世界
愛媛大学四国遍路・世界の巡礼研究センター編
近年ブームとなっている四国遍路。四国八十八ヶ所霊場の成立など歴史や現在の様相、海外の巡礼との比較など、さまざまな視点から読みとく最新研究15講。

1580
疫病の精神史
――ユダヤ・キリスト教の穢れと救い
竹下節子
近代の衛生観念を先取りしたユダヤ教、病者に寄り添い「救い」を説くキリスト教。ペストからコロナまで、疫病と対峙した人類の歴史を描き、精神の変遷を追う。

1598
キリスト教とシャーマニズム
――なぜ韓国にはクリスチャンが多いのか
崔吉城
韓国文化に根付くシャーマニズムがキリスト教伸張につながり、クリスチャン大国となっていった。読めば、K・POP、韓国ドラマ、映画がもっとおもしろくなる。

1618
教養としての仏教思想史
木村清孝
紀元前6世紀にゴータマが始めた仏教は、いかにして現在の形となったのか。思想的変遷を歴史の中に位置づけ各地域の展開を一望。膨大な知の全貌を俯瞰する。